Folhas soltas

António Almas

Ficha técnica

Título: Folhas soltas

Autor: António Almas

Edição: Edição Própria de António J. F. Almas

Apartado 111

7160-999 EC Vila Viçosa

edicao.propria@gmail.com

Design e Paginação: António Almas

Impressão: P.O.D.

ISBN: 978-989-96808-4-5

Depósito Legal: 343011/12

Vila Viçosa, 5 de Maio de 2012

A primeira folha

Os momentos são folhas que se soltam da árvore da vida, ele voam, soltos pelos ares, em rodopios de tonalidades. Estes silêncios descritos em mil palavras, são sinais, memórias de muitas épocas de tantos festivais de letras que não acabam mais. Estes escritos são mensagens, instantes feitos de imagens subliminais que apenas alguns são capazes de vislumbrar. Este é um imenso mar, que banha tantos lugares que não sei mais que caravelas o atravessam, quantos barcos flutuam as suas águas. Perdi-me em tantas viagens, deixei de mim tantas folhas presas nas árvores alheias, que chegou o meu Outono, e deixei despir o meu corpo de folhas soltas.

Silêncio

Em silêncio escrevo, soletro, descrevo, invento. Em silêncio fico quieto, parado no meu próprio esconderijo. Não falo, digito, não escrevo, teclo, não aponto, crio. Este íntimo silêncio a que me dedico é momento da minha imaginação. Este verso escrito e não dito, é sentir do meu coração. Depois vem o eco, a alma, que não tem qualquer definição. Espaço silente, pura e simples ilusão, ou cansaço de tanto procurar e não lhe encontrar razão. Calo as palavras, para que não se propague o som que quebra o meu mais íntimo pensamento, silêncio, que em mim afago, como pena que se precipita do alto das asas de um anjo, em elipses irregulares se derrama, até ao chão.

Escrevo, o próprio silêncio da minha emoção.

Escrever.

Escrever é deambular em mundos perfeitos, cobertos de sentidos, plenos de emoções. Escrever é desenhar as letras nas brancas páginas cheias de sonhos, embalar a caneta numa dança sem contornos. Escrever é dizer de lábios cerrados aquilo que dizemos quando estamos calados. Escrever é olhar, observar e, sem o silêncio quebrar, conjugar o verbo amar. Este jogo feito de letras, de frases tantas vezes feitas, é um mar onde as ondas vão e voltam a regressar, como poemas de embalar.

Não escrevo só porque quero, não digo só porque desejo, faço-o porque preciso, talvez seja apenas um vício, mas sei que há em tudo um objectivo. Não o conheço, mas sei que está implícito, naquilo que escrevo, naquilo que sinto.

Amanhã poderei não ser mais o mensageiro, poderão as palavras em mim findar, por isso escrevo hoje, antes de tudo acabar.

Destilação

Absorvo os detalhes do que vejo, reciclo os discursos que escuto, condenso as sensações que me tocam. Depuro as percepções da envolvência, cataliso o ruído envolvente. Depois, na catarse da alma, liberto as palavras que se soltam na linha invisível do tempo, frases que a brancura imaculada

do papel recebe como filigranas de prazer que em pequenos momentos de loucura, me atrevo a escrever.

Para trás fica a sombra, que no chão frio se projecta, como recordação que a purificação tem sempre um detrito que se dissolve na escuridão.

Doce leitura

É nos sentidos que nasce a palavra que em nós se mergulha como calda pura. É por esse caminho que seguem as pegadas feitas de letras soltas. Nesta viagem, os dedos são mensageiros, que em frases depositam nos textos, os perfumados sentidos, já em papel embrulhados. Depois, é o sublimar das emoções que em lábios silenciados se derramam, no degustar das sensações que as letras em delírio oferecem. São carreiros que por montanhas encantadas desfilam até aos lagos doces de mel. Na envolvência deste mundo açucarado de mistérios encantado, somos gulosos devoradores de prazer que nas letras vêm beber as ilusões criadas por quem nos escreve.

Palavras

As palavras são como dedos de vento, como pedaços em puro lamento. São toques suaves, beijos fugazes que sentimos e não vemos. As letras são como gotas de orvalho, que no amanhecer se depositam em folhas de pele despida. As distâncias são espaços que apenas o físico sente, são dor premente de quem quer, de quem sente. No embalar da rima, desenrola-se a sina, destino engendrado em histórias enredado, em saudades bordado na angústia dos dias. Na falta das frases ficam os murmúrios do vento, que sempre sabendo nos vem saciar. Depois com seus dedos deixa uma carícia, em letras bem definida, no rosto um sorriso, no olhar uma lágrima a resvalar.

Ribalta

Às vezes a mente fica vazia como uma sala em fim de espectáculo. Os resquícios espalhados pelo chão, são recordações de muitas emoções ali vividas. Recolho as sobras do que ficou, desligo as luzes da ribalta, corro as

cortinas e, na boca de cena fico eu, sentado no soalho que fervilhou de vida, e, que agora abandonado, apenas suporta a minha saudade tímida. Não declamo ou improviso novas palavras, já todas foram gastas. Fico-me pelo silêncio de uma plateia vazia, por um pedaço de nadas. Estou cansado! Cansado de ser actor de tantas personagens, músico de tantas bandas sonoras, cantor de tantas canções. Esta azáfama deixa-me o corpo vazio, como esta sala onde me sento, como esta mente onde habito.

Mar de sentidos

Neste mar de sentidos em que navego,
Sou barco esquecido no tempo.
Sinto as ondas quebrar-se na proa,
Num lamento que pelo oceano ecoa.

Sei que nas letras me perco,
Num nevoeiro que me trás cego.
Nada mais preenche o vazio,
Só as lágrimas quebram o estio.

Na saudade do meu alento,
Só o eco vela meu lamento,
Só a vida me obriga a navegar.

Noite que me abraças em pleno mar,
Faz das minhas letras o teu marulhar,
Sossega nesta viagem o meu tormento.

Escritor

Há nas palavras um encanto, nas letras um momento, nas frases mil sonhos, outros tantos pensamentos. Veste-se o escritor de personagens, falam de vidas suas imagens. Sente o leitor com emoção, cada detalhe, cada descrição. Nesta simbiose, somos dança, momento que nos agiganta, somos letras, somos rimas, somos pássaro que aos céus se lança.

Escrevo com o sentidos de tantas vidas, sou mensageiro, sou estafeta, que numa entrega perfeita leva consigo a palavra. Letras que estendo como dedos, por entre todos estes arvoredos, voam nas brisas destes ventos para tocar tua

alma. Das vozes de outros me alimento, num recíproco movimento entre todos os momentos.

Intimidade

Divido entre as letras os sentidos, separo com espaços os afagos, preencho com frases os instintos com que crio os meus destinos. Solto ao vento os lamentos, desenho em sonhos plenos de fantasia os instantes da minha própria magia. Sempre na plena emoção, escrevo com exactidão as formas da essência, bebo em goles pequenos a fragrância dos meus próprios momentos. Neste retalho de textos, invento lampejos de luz difusa que conferem aos cenários uma imagem real e profusa. Na intimidade da minha alma, não sou mais que a calma que em ti vem repousar.

Somos

No meio das letras somos um turbilhão de histórias por contar, um livro escrito à mão, um papel a esvoaçar. No silêncio do nosso sossego, somos almas que se enlevam, flores que desabrocham em plena Primavera. No âmago do nosso regaço, presentes de prazer carregamos embrulhados, e, neste caminho que percorremos, sabemos que todo nosso destino é já traçado. Depois vem a brisa, o ar fresco de perfumes encantado, que nos resgata o sorriso em lábios já cerrados. Vem o toque do ramo fresco dessa árvore pela qual passamos, que nos recorda no seu mágico encanto, que somos dela irmãos, pó da mesma estrela que nos céus faz a noite parecer tão bela. Voltamos a sorrir, porque amanhã seremos outra coisa qualquer, vida, em forma diversa, ou apenas uma história no papel.

Um sonho

Fecho a porta da realidade, caminho pelo corredor dos sonhos, onde letras fluem como pirilampos ao meu redor. Caminho sabendo que o meu destino está para lá do horizonte da memória deste corpo. Sei das asas que visto quando fecho os olhos. Sei do vento que eleva a minha alma em todas as direcções do espaço que circunda este mundo das fantasias. Quando chegar o momento saberei cruzar o abismo, atravessar a corrente deste rio e descansar na praia das emoções. Mas, neste momento, deixo-me estar, de olhos fechados, contando-vos histórias de encantar, sonhando com o perfume da essência que está para lá da porta do sonho.

Heróis e santos

Nos braços seguramos os corpos que em pausas se entregam ao fogo sagrado do amor. Nestes silêncios quebrados pela música que nos embala, somos heróis, que em lutas de ternura se entregam em suaves melodias de prazer. Somos anjos, desprovidos de asas, que a noite juntou num abraço entre as letras que incendeiam a fogueira dos desejos. Somos santos, cuja fé se entrega ao carinho que entre nós dividimos. No escuro, deixamos para trás as agruras dos dias e numa lua-de-mel eterna, entregamos-nos na paixão que apenas o amor nos pode fazer sentir. Neste mundo somos heróis e santos do nosso carinho.

Beijos de silêncio

Pego no ar que o vento me trás, seguro-o entre os dedos de uma mão. Suspendo a respiração, desacelero o coração. Calo a mente, e adormeço no chão. Fico quieto, sinto apenas as notas desta musica que me beija a pele como milhares de lábios em beijos de silêncio. Mergulho na alma o corpo molhado do suor da madrugada. Sinto na pele o arrepio do medo, e na atmosfera o frenesim das sombras que projecto. Abraço a morte como se fosse um companheiro de viagem e deixo cair as asas no vento norte. Inerte sou folha que da árvore se desprende, voo rasante que ao vazio se entregue,

ruído abafado que na alma se solta num grito.

Fechar-se

Fechar as janelas da alma não impede a brisa do vento de atravessar as frestas dos sentidos. Fechar a porta não significa ficar a sós com nosso coração. Há sempre uma luz que nos seguem onde quer que vamos. Há sempre um caminho que seguimos, e por ele descemos a montanha dos sonhos. Há sempre em nós um momento onde as letras são dedos e as frases mãos que seguramos. As saudades serão sempre como um pássaro que alto nos céus voa connosco. Há no perfume das flores algo que nos recorda os momentos, a essência do que fomos, do que somos e seremos. Fugir, fechar-se, voar para longe, será apenas dar espaço para que a saudade venha, se instale e habite no peito.

Erupção

Centras todas as emoções no cerne do teu ser. Guardas os sonhos nessa caixa de Pandora que apenas tu consegues abrir. Escondes detrás do teu corpo os desejos que apenas no silêncio das noites não dormidas revelas aos céus. Mas, há um momento de erupção, uma imensa explosão de sentidos que libertas nas letras, que como lava escorrem pelos teus dedos. Assumes o papel dos teus personagens, veste-lhes as peles ainda molhadas do prazer da libertação. Já não sabes mais se és tu ou elas que regem o teu âmago. Misturas-te e perdes-te em devaneios que apenas nós conhecemos.

Cartas de amor

Escrevo, cartas que não mando, detalhes pensados, escritos e não ditos. Percebo nas curvas de cada letra as saudades de um corpo inventado, de um momento desejado. Entrego no papel as lágrimas que não choro, e os beijos que não dei,

como última vontade de um corpo dormente do teu ausente. Deixo trancadas em mim palavras que nunca te direi, cartas secretas de um amor que não sabes existir. Olho-te de olhos plenos, fechados neste íntimo sentir, que guardo nas cartas de amor que nunca fiz seguir.

Pensamento

Abro a mente, solto os pensamentos no desvario da imensidão, deixo expandir o grito e quebro em mil pedaços este silêncio... Abandono o corpo, como estilhaço desta explosão, como resquício morto desta solidão. O ar convida-me a voá-lo como pássaro livre, desafia a gravidade do meu pensamento, como se soubesse de cor o meu lamento. Entrego-me nas asas deste mar, de vento, onde mergulho como naufrago, onde afogo os sentidos e bebo meu destino em goles pequenos de prazer. Neste passeio que invento, sou apenas um reflexo do vento, um ente mágico que da aura desdobra as asas e, em oceanos de loucura tua alma procura.

Mundo Maravilhoso

Olho à minha volta, capto os sentidos que como brisas vão tocando a minha pele. Os meus olhos absorvem a luz que reflecte as maravilhas que a natureza me dá. Nas mãos levo o mundo cheio de momentos, lugares e sentidos que nos lábios adoço com palavras de carinho, músicas do meu destino. Escuto as aves que desfilam nos céus e bebo dos rios a corrente de gente que em meu corpo carrego. Abraço-me ao silêncio e sinto, neste momento o meu corpo cantar, vibrar com o vento.

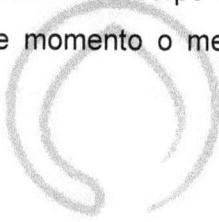

Imaginário

No meu imaginário há mundos de diversos tons, não escolho cores, sigo apenas os instintos, os sabores. Nos meus lugares planto flores, deixo os pássaros voar nos céus, imagino teu corpo vestido de véus. Aqui, onde meus sonhos mais secretos guardo, tenho jardins a céu aberto, pradarias de encantar, tudo no mesmo lugar. Entra e atreve-te a sonhar, meus pensamentos irão te guiar neste mundo que é teu e que

acabo de inventar. Nenhum destes sonhos é só meu, vêm de todos os lugares, são dela e daquele, mas sobre tudo são só teus. Vem em meu corpo escrever, tudo aquilo que não te atreves a dizer, em tuas palavras plantarei florestas, rios, em tuas praças haverá festas e tudo em nosso redor brilhará como aquela estrela no firmamento que todas as noites vens olhar.

Ilusionista

No delírio do meu silêncio sou fonte de água viva que se derrama em goles de palavras inquietas que me escorrem pela alma. No vento quente do deserto sou areia em constante movimento, sou as letras que dedilho e não escrevo, que toco e não possuo, sou teu corpo nu. Desejo inacabado de emoção, força prazer, fusão. Sou febre que te arde dentro, fome premente de quem com os olhos devora o texto. Ilusionista, mago ou simplesmente louco que me invento em cada detalhe marcante deste instante.

Amor

Preencho os momentos com as palavras que te escrevo, são silêncios selados, instantes guardados em bocas fechadas que não se beijam. Falo-te de amor, com a profundidade do Universo, com a etérea saudade de quem ama e não guarda apenas no peito a vontade de dizer aos ventos que sabe, que sente, que entende e se prende nas palavras que escreve. Pressentes-me, sabes que habito no teu corpo, como gota de sangue ardente que em ti percorre o mais intimo detalhe, escutas-me nos sonhos, viajas em meus braços quando na noite te levo, nas brisas calmas deste vento.

Escutas minha voz, como se fosse o eco da tua mente, que numa conversa silente declama os sentidos, confessa quem ama nesta intimidade de espíritos. Caminhas pela vida sabendo-te sempre protegida porque em ti carregas o meu corpo, o meu sentido, que junto com o amor que dividimos preenche por completo as almas que unimos. Sabes, a tua voz é a música das minhas noites, canção de embalar que faz meu corpo não querer despertar. Inebrias os sentidos e em silêncios perdidos és meu último pensar.

Adormeço, certo de que serei em ti um firmamento, estrelas

de mil cores, vontades, desejos, amor, que no peito despido guardas como filigrana de momentos já vivido, tesouro que juntos levamos bem dentro das almas. Beijo os lábios doces de mel, que neste pedaço de papel descrevo com as palavras que já sabes de cor, como os sentidos em caixas de letras metidos, que na pele trazemos embutidos.

Definições

Falar do vazio é escrever sem fim e não conseguir perceber o que se disse. Definir a solidão é muito mais que estar rodeado da multidão e sentir-se ausente. Saber entender aquilo que aqui nos trouxe, os caminhos que percorremos e as dores que sentimos, é aceitar que há em cada um de nós um destino, um momento em que completamos todos os sentidos e exalamos o último pranto. Falar do nada, é perceber que há um tudo que nos comprime de tal forma que cria um vazio imenso no peito. E somos tantas coisas ao longo de vidas quase infinitas que depois fica-nos na pele o perfume dos tempos em que já fomos muito mais que aquilo que os outros vêem em nós.

No teu pranto

É tantas vezes no silêncio que te visito. Nesses momentos em que teu corpo vestido de saudades chora por não encontrar as palavras que esperas ouvir. Nesses instantes em que tudo à volta parece ruir, estou sentado a teu lado, consegues sentir? Quando a brisa suave do vento contorna teu corpo, afaga a tua pele, agita teus cabelos. Quando em murmúrios e prantos, escutas na mente o eco dos meus sonhos, é teu corpo que sustento, antes que caias em desmaio. Mais que um gesto, que um toque, que um beijo, sou as letras que te escrevo, suporte invisível da tua alma que em colapso ameaça perder-se.

Seco com um sopro as lágrimas que pela face derramaste, quando choraste, chamaste e pensaste teu lamento não ouvir, mas eu sou um abraço sensível, um ténue sopro de vida, que dentro de ti habita, estou sempre presente, mesmo quando te julgas sozinha. Não chores mais, sente-me, que no âmago do teu mais íntimo recanto, em ti vive a chama que preenche teu corpo, tua cama, fogo eterno que nas letras voláteis deste canto, cobre tua alma com um manto bordado com as letras que te escrevo.

Sossega o teu espírito, olha as estrelas, e, mesmo nas noites de tormenta, percebe que para lá das nuvens há um universo inteiro, cheio de luz e de brilho que te abraça, que te aconchega como crianças acabada de nascer, que nos braços de um deus qualquer, vem adormecer. Sorri, porque em teu redor as flores despertam, porque nos teus olhos há beleza, porque em teu corpo a sensualidade impera e porque mesmo no silêncio, meu corpo te espera.

Deambulando

Voar sobre o tempo, preencher de instantes um só momento, é ser capaz de guardar em silêncio, cada detalhe de muitas vidas, cada segundo desta despedida. Preencher de palavras o vento, rodopiar num só tormento, cair na tentação de ser só um lamento, é perder-se do corpo, ficar na dormência do quotidiano e não alcançar nos sonhos a satisfação que das nossas mãos tanto nos foge. Calo as palavras, porque para os dias guardo a voz, e para as noites as letras, que saltam voando da minha caneta, dos dedos já gastos de tanto martelarem nas teclas. Mas sois vós o alento, que no mesmo silêncio que o meu, voam pelas noites e comentam, aquilo que vos digo nos textos. Somos a fome uns dos outros que a horas escuras e sombrias se alimentam dos despojos dos dias.

Mar

Hoje olho o mar, percebo na sua agitação, a ondulação suave do teu corpo. Sinto no ar o perfume da tua maresia, no seu sal o gosto da tua pele quando acabo de te amar. Encontro na tua alma a sua profundidade, oceano liberto que em pequenas vagas meus pés vem beijar. Mergulho, sinto o teu abraçar, as águas frescas que meu corpo vêm molhar. Abro os olhos e num turvo agitar, percebo a luz que filtras com teu olhar, é brilho que meus olhos vem encantar. Não preciso respirar, porque no teu beijo, transportas o oxigénio que possa precisar.

Procuro as areias finas do teu fundo, como tua pele suave que afago. Neste profundo silêncio que é estar dentro de ti, escuto apenas o palpitar do coração, do meu, do teu, que em ritmos ternos se embala ao sabor da corrente que nos leva por este

rio no meio do mar. Não me lembro de voltar, aqui, em ti quero ficar, como golfinho em oceano aberto, como sonhador em sonho desperto. Adormeço no teu peito, como criança embalada pelo ritmo das tuas ondas, e na brisa das tuas mãos meus sonhos entrego.

Minhas mãos sentem o teu corpo, percebem o teu olhar sereno, de menina adormecida em meu leito. Sem te tocar, voam minhas mãos sobre teus contornos, como gaivotas sobre águas calmas. Contemplo-te na beleza despida da tua pele, como ser fosses mar que minha cama veio tomar.

Entre letras

Entre as letras há um segredo que se propaga no ar, uma forma diferente de saber amar. Entre as palavras há um sentimento, um grito no meio do silêncio, inscrito num único momento. Entre as frases há um espaço, lugar onde em ti nasço como água que brota do meio da rocha. Há nos versos um agitar, como cada onda deste mar feito de letras, com uma mensagem subliminar. Escutas-me, sabes ler o meu pensar, sentes o toque dos meus dedos tua mente despertar. Neste mistério por explicar, há um mundo de palavras por acordar, há uma dança entre dois lugares, um afago, nesta música que gostamos de dançar. Na brisa de um vento que imaginamos, deitamos os sentidos ao mar, deixamos o corpo sonhar, enquanto na mente divagamos.

Intenso

Nas minhas mãos derramas o calor do teu corpo que como chocolate derretido resvala pela minha pele. Acordas os sentidos, adoças-me a libido. Sinto cada detalhe que passa por meus dedos, escuto nos teus murmúrios nossos segredos, abraço em nós os silêncios. Devoro na tua boca o gosto amargo deste chocolate negro, bebo dos teus lábios o néctar adocicado dos teus beijos. Sinto em meu peito deslizar teus longos cabelos, inalo o perfume dos nossos sentidos. Neste leito somos corpos envoltos em pétalas, rios que se fundem em noites despertas, sabores que se mesclam em imensas fragrâncias.

Em pensamento

Há um instante em que a brisa se suspende, o mar silente acalma suas vagas e o Sol se esconde por entre as nuvens. Há um momento em que o dia se esconde atrás da noite, em que o pássaro pousa por entre os ramos das árvores. Há um segundo em que suspendo o respirar, em que abrando o meu palpitar e adormeço.

No meu sono, entrego o voo da alma, que embalada pelas ninfas se faz ao mar dos sonhos, onde navega sem velas, onde voa sem asas e deambula sem promessas. E nos pensamentos pousa, como borboleta perfumada de cores, fazendo sonhar, despertando amores. Depois, vem mais uma brisa e leva-me, para outro mundo diferente, outro sonho que por mim clama incessantemente, e voo, e sigo na deriva dos pensamentos da gente que me chama, polinizando a fantasia daqueles que nos meus sonhos caminham.

Não sou teu, nem meu, não sou de ninguém, sou vento tão somente. Sou viajante do tempo, alma silente que no mar dos sonhos navega. E tu és pensamento volátil, que num instante te dissolves no meio da multidão, reflexo da tua própria solidão que se afoga num mar de gente.

Último acto

Entrego-me à abstinência do teu corpo. Neste mar ausente, impera o silêncio do vento que não transporta já as cartas que te escrevo. Guardo para mim as histórias que te sonho, em pedaços de papel amontoados num canto qualquer da casa abandonada. Entrego à mortalha o corpo fragilizado pelo tempo, num abraço, despojo a alma dos sentidos e deixo voar nas poeiras siderais os resquícios do meu pensamento. Apago a chama que acalenta no peito o amor universal que te dedico, e fecho a porta deste velho casarão outrora habitado pela paixão.

Não, não é um lamento que descrevo, não é um momento em que adormeço sem sentido, é o acto terminal de quem não encontra o caminho e deambula em círculos na constante procura do que não consegue achar. Hoje dispo-me deste eu que me vestiu, deixo nos abraços da multidão cada pedaço desta pele que te sentiu, liberto no ar as réstias de energia que se propagam como relâmpagos na tempestade de letras

que já não te escrevo. Este é um acto de contemplação, em que a alma etérea entra em plena hibernação.

Há no tempo um instante de suspensão, entre a noite escura e o claro do dia, entre o inspirar e o expirar, entre o abrir e fechar de olhos, nesse momento de inercia paramos o tempo, dilatamos o espaço, nesse pedaço perdido entre movimentos divergentes, há um lugar para a eternidade, uma porta que se abre, é lá que me sento, que espero o regresso dos dias, a brisa do vento que me levará de novo a voar, a sonhar e a amar.

Fogo

Do fogo dos dedos soltam-se as palavras em chama que minha língua em teu corpo derrama. O silêncio dos gemidos abafados pelos beijos sem sentidos que meus lábios nos teus depositam, são música lenta que os corpos agita. Neste ondular de prazer, inventam-se as frases por dizer, calam-se em murmúrios descritos com gestos a arder. No frémito destes corpos ardentes, somos como pequenas sementes que se soltam no ar que queima as peles suadas neste ninho de cordel. O fogo abrasa o papel, e na ponta do meu pincel és tinta que escorre lânguida pela tela. Persigo os contornos suaves da pele que inflama toda a luxúria que te escrevo, em ti me deito, neste enlevo de loucura que é devorar a tua pele nua.

Noite de luar

Abraço-te o corpo molhado, resvalo no sal da tua pele como gota de orvalho ao amanhecer. Em teus lábio deixo meu corpo beber, em teu silêncio minha voz quero ter. Divago pelas planuras do teu ventre, como a suave corrente de um um ribeiro. Alago os teus vales com o meu prazer, derramo em tuas montanhas a minha neve a derreter. É um mundo inteiro por descobrir, um arco-íris de luxurias por sentir. Eu uma onda de mar, que teu corpo vem molhar, tu uma brisa de vento que em meu corpo se faz terno lamento. Vem inflar minhas velas, deixa que meu barco te navegue, deixa que meu corpo te entregue nesta noite de luar.

Nascimento dum universo

Envolto na penumbra do quarto, sou a sombra do teu corpo que guardo. Viajo sobre o espaço em brisas de vento quente, persigo em ti teu corpo dormente. O ar preenche-se da névoa dos incensos que libertam os perfumes do amor e aspergem os corpos em movimentos intensos. O céu matizado de estrelas ilumina este mundo onde os sonhos são centelhas que em nossos olhos se reflectem. Esta atmosfera electrizante que rodeia os corpos despidos é como um um invólucro que nos abraça, que nos une, num único espaço de intimidade.

O meu peito sente o palpitar do teu corpo que sobre o meu desliza em ondulantes marés de desejo, num sôfrego deglutir de luxúria que me devora. Os teus murmúrios são gemidos que se envolvem em notas de música propagando-se no ambiente como danças sensuais que agitam as nossas sombras. Fecho os olhos, quero despertar outros sentires, absorver todo o teu ser que em mim se propaga como relâmpago, em imagens que desenho na mente, enquanto invento o teu próximo movimento.

Na explosão desta galáxia que formam nossos braços, que

em espirais se enlaçam e se prolongam para lá dos sentidos, formamos novos mundos num arco-íris de cores que preenchem nossos olhos fechados pela força gravitacional do clímax. Somos atingidos pela força de um meteoro que nos faz derramar em fluídos toda a energia cósmica deste momento...

...suspenderam-se as respirações, silenciaram-se as emoções e os corpos distendem-se numa paz inigualável que nos deixa deitados, corpos enleados, contemplando a beleza do amor que acabamos de fazer nascer.

Profundamente

Num voo rasante sobre a tua pele, meus dedos são asas soltas em desvario, meus olhos são o reflexo da minha aura que em múltiplas cores te iluminam. Meus lábios tangentes que roçam tua boca num beijo roubado aos desígnios do tempo. Em ti pousa meu corpo, lugar selvagem onde repouso o desejo que me acordas. Sinto que me invades com o mais intimo de ti, num abraço escaldante, fogo ardente, penetrante. Libertas a voz num gemido intenso, contraem-se os músculos,

tensos, e, num espasmo, minhas mãos te tomam, invadindo o teu espaço, conquistando-te, minha, profundamente. Em silêncio agitas o meu ofegante respirar, que selas num beijo molhado. Os corpos voltam a fundir-se.

À tua espera

Preencho-me das fragrâncias do teu corpo, alimento-me do brilho dos teus olhos, bebo nos teus lábios a vida que me sopras como aurora de um novo dia por inventar. No silêncio sou teu amante, percorro teu corpo como caminhante. Na loucura sou teus desejos que com ternura alimentam a tua vontade. No teu gemido sou prazer em ti contido. Olha-me profundamente, descobre em mim o teu oceano revolto, encontra no final do meu dia o teu pôr-do-sol. Bebe das minhas fontes frescas os fluidos açucarados que inebriam os teus sonhos, que salpicam teu corpo molhado. Vem, estou à tua espera!

Saudades

Sigo os trilhos que me levam para lá dos contornos do teu corpo. Percorro as dunas onde te deitas na espera paciente dos dias que hão de vir. Beijo os teus pés com o sal do meu suor feito de gotas de mar. Abraço-te a alma com as letras do meu amar. Inalo as fragrâncias que se soltam dos teus cabelos longos, no teu olhar deito meus sonhos. Deixo em ti o espírito cansado das viagens entre tempos, das caminhadas entre mundos distantes que tão bem conhecemos. Repouso em ti, como pena solta das asas do vento.

Fico em silêncio, dedico as letras aos pensamentos e desaguo no oceano imenso, como rio que se esvai dos próprios sentidos. Tu, em tuas mãos guardarás esta gota de orvalho, em memória dos tempos, como recordação última da minha lágrima que resvala no sal dos sentidos. Preencho os vazios nas memórias que mantêm a minha alma. Mato os desejos na distante floresta, por entre plantas raras, em trilhos perdidos na margem de novos mundos. Ficam as letras que constroem livros, que alçam velas em caravelas e percorrem mares nunca antes navegados.

Nesta epopeia sou apenas mais um leitor, que se alimenta

daquilo que já escrevi, que acalenta a esperança que o tempo e as estações amadureçam o Homem, fazendo dele mais sábio, mais humano e sensível. Sei que sou um grão de areia, que juntamente com milhões de outros fazem as dunas do teu corpo, por isso permito-me ficar calado e deixar que o tempo sinta a minha ausência. E saio, como actor em fim de cena, deste cenário de sonhos, onde fomos o que quisemos ser, onde somos mais que parecemos haver sido.

Insana loucura

Na insanidade dos desejo, o prazer propaga-se qual arrepio pela pele. No sabor agridoce de uma pele acabada de amar, entrego o perfume desta brisa ao te abraçar. No corpo despido, inspiro as fragrâncias dos teus cabelo soltos ao vento do meu próprio corpo. Devoro cada detalhe do teu caminho, perscruto cada recanto da tua nudez, degustando o prazer dos teus impronunciaveis gemidos de prazer quando em ti entro. Nesta loucura deliciosa, as línguas derramam festins de luxúria no mais intimo detalhe de cada um de nós. Subimos aos céus e entregamos ao Universo o deleite que em fluidos vertemos sobre os corpos dos amantes.

Encontros

Percorro céus e mares, atravesso oceanos, adentro-me em outros universos, percebendo a presença da tua alma nestes domínios. Hoje sigo-te pelo espaço, abraço a fragrância da tua alma que se mescla em atmosferas diversas. Sigo o rasto dos teus corpos, nas diferentes tonalidades de pele que te vestem. Viajo na deriva do encontro, olhando fundo para todos os olhares que se me cruzam. Num momento vejo-te, no corpo moreno de uma mulher qualquer. Reconheces-me e sorris-me. Num sinal de perfusão, sinto como a tua alma penetra a minha.

Não existe lugar onde não te encontre reflectida, há sempre um corpo que te veste a alma, uma pele que te cobre de sentidos, um sorriso, um olhar. Não te toco, não é o momento, apenas nos visitamos por breves instantes, apenas nossos corpos se lambem no desejo que as almas anseiam por realizar. Haverá um tempo em que seremos nossos próprios momentos, por agora quero apenas para ti olhar. Sentir a

força que imprimes a todos os corpos onde te vou encontrar. Espero, contemplo e alimento a saudade de em ti não estar.

E parto de novo, deixando-te num outro lugar, sei que não possuirás muito mais tempo essa forma, e que, numa outra viagem, nos voltaremos a encontrar. Seguimo-nos através dos tempos, como se fossemos o mesmo fluxo de energias que queremos mesclar. Ambos sabemos que esta corrida está por terminar, que um dia a qualquer esquina acabaremos por nos abraçar, beijar, ficar, um no outro, para sempre, se amar. Até lá, seremos nómadas que se procuram, que se olham e não se tocam, na ânsia das saudades matar.

Rosa dos ventos

Passo pelo vento com um silêncio que funde as estrelas no firmamento. Guardo no peito o prazer de saber onde bebes o teu desejo. Inundo a pele com o néctar do te beijo, mergulho inteiro, nesse teu intenso momento de deleite. Perfumo a teu cabelo com a essência terna do meu próprio desejo. Neste ensejo, sou as letras que tatua o teu corpo, o Norte e o Sul do teu rumo, coordenadas repletas dos meus próprios sentidos, sons, gemidos de devaneios em que meu corpo no teu enleio. És a sede que me morre na boca, o beijo que a brisa me aporta, a luxúria que meu corpo devora, és antes e depois, és agora.

Amor acabado de fazer

É no silêncio dos teus lábios que deposito meu beijo molhado. É na suave nudez do teu corpo que em ondas de prazer derramo o meu desejo. Na sôfrega vontade de te tomar, procuro teus seios para naufragar. Contorno teus lábios com a ponta da minha língua, no incessante desejo de tua boca beijar, em minhas mãos teu ventre, em ti meu corpo adentro, sinto o calor dos teus movimentos. Quebra-se o silêncio que os beijos deixaram quieto, e, em suaves gemidos, orquestra-se uma canção de luxúria, onde a tua pele nua, na minha pele se cola, arrepios de prazer, são o culminar deste nosso imenso querer. Depois preenches as folgas do meu corpo com os fluidos quentes do teu, eu, inundo-te do néctar intenso do amor que acabamos de fazer.

Você é luz

Percorrendo os corredores intermináveis do tempo, espreito pelas janelas entreabertas dos universos paralelos que se amarram a este túnel imenso. Visito épocas, aprendo rituais, recordo vidas, descubro mananciais. Escuto os velhos profetas, assisto a cataclismos finais, descubro as minhas vidas, sigo os sinais. Regresso ao corpo após cada viagem, é cárcere a que estou confinado, espaço exíguo onde minha alma guardo.

Sei como és, conheço-te em vários corpos, em várias mulheres distintas, mesmo que não te olhe, que apenas te visite a alma, distingo os detalhes que de outras te fazem diferente. Posso olhar para um mar de gente, ainda assim sei quem és, onde estás, como me sentes. És feiticeira celta, sereia encantada, mulher esbelta. Das tuas mãos solta-se o fogo eterno, chama azul que ilumina as estrelas, que salpica a escuridão com a beleza da imensidão. Em meu corpo habitas, tatuando as paredes com tuas sinas.

Juntos somos luz e sombra, côncavo e convexo, somos a energia que flui sem nexo. Eu sou as letras que escrevo, tu o

41

espaço que com elas preencho, eu sou a palavra, tu o silêncio. E nesta completa sincronização, somos homem e mulher, somos amor e paixão.

Sedução

No caminho das letras dedilho os espaços íntimos do teu corpo. No instante em que as galáxias se dispersam nos segredos dos universos, faço estrelas de luz com as centelhas que teu corpo produz. É na imaculada percepção da grandiosidade deste paraíso onde nos amamos que encontro a tranquilidade que bebo dos teus lábios húmidos. Escrevo com a ponta dos dedos as tatuagens que teu corpo absorve como carícias dedicadas, como palavras que se derramam na placidez desta luxúria controlada em que nos embriagamos. Silêncios quebrados nos momentos mais aguçados do desejo, oscilações perenes que nos abanam os corpos como se fossem batéis. Em sôfregos beijos deixo marcado teu corpo pelos fluidos ardentes do meu êxtase.

Essência dos sentidos

É nos ecos e nos silêncios que se desperta a mentalidade dos sentires. É nos vazio eternos e na repleta sensação de vontade que se suspende o tempo. Estar dentro de um universo ou ser em si o próprio universo é apenas uma questão de semântica quando o equilíbrio está naquilo que sabemos sentir. A vida não é um reflexo dos que estão à nossa volta, é um momento em que vestimos um corpo e o fazemos respirar. A visão é na sua essência um reflexo! A escuridão, a ausência da luz, a sombra perpétua, não impede a alma de sentir, de amar, de saber, de escutar e se fecharmos os olhos, poderemos ver.

Navegante

Neste barco sem rumo, seguro o leme que dirige o destino. Nesta travessia sou tripulante solitário, barqueiro sem rumos traçados. As minhas cartas não contêm desenhos de terras distantes, são cartas de amor e paixão, desejos e emoção. Este não é um oceano qualquer, onde as ondas salpicam a cara de água salgada, onde os ventos sopram de norte e inflam as velas. Este mar é feito de nuvens de águas doces e gotas finas, a brisa é apenas um sopro de alma que os véus translúcidos agita.

É nestas águas tépidas que navego, levando este barco feito de leves sonhos. É nele que descubro os caminhos para as almas que visito, em noites encantadas em corpos despidos. No silêncio que apenas as palavras escritas permitem, afago teus cabelos, suspiro em teus ouvidos os destinos que te levam a juntar-te ao meu veleiro. Visitas-me, entras no meu convés em bicos de pés, e, qual bailarina, rodopias no meu olhar, como se fosses voar, para logo depois, em minhas letras te abandonares. Partes, seguindo o rumo do teu porto, levando em teus lábios meus escritos.

A viagem é interminável, subo este rio de palavras, que escorrem sob a quilha, afagando-me os sentires, fabricando sonhos, neste cais flutuante que na deriva dos tempo oscila. Sigo só, único tripulante desta nau, que desenham nos céus um mundo encantado de prazeres inventado.

Etéreo

Este é o universo dos momentos, onde cada um espera para sentir o suspiro intenso do desejo de voar sem ter asas. Aqui somos anjos que em perpétua queda desejamos fazer-nos eternos entre as letras que giram em nosso redor. Não há palavra maior que defina a vontade de ser pássaro, a vontade de beber o ar.

Esta noite, é a eterna sombra que nos cobre os corpos despidos que deixamos no chão deste pequeno grão de areia. As estrelas são melodias que em notas soltas nos alumiam, e as vozes caladas entoam um hino feito de murmúrios que deciframos em códigos secretos. Nem todos entendemos porque viemos, mas sabemos que estamos aqui, envoltos neste enigma, neste instante em que formamos parte de um imenso firmamento de luz.

Espaço secreto.

No âmago do tempo escondem-se mistérios por revelar. Há na alma caminhos por percorrer, sentidos por descortinar. Por detrás das letras ocultam-se símbolos que nos levam por lugares secretos, sentidos que nos arrepiam a pele e nos fazem entender que a vida não se cinge ao espaço ínfimo deste corpo que nos veste. Transcender, transmutar e perceber a essência do que é saber voar, leva o espírito para lá deste pequeno lugar que habitamos, leva a alma a revelar a vastidão dos seus universos, repletos de imagens infinitas de beleza incontornável.

É preciso libertar-se, descobrir o caminho por entre os sentidos que nos permite sair deste pequeno espaço a que nos confinamos. Há um mapa que nos leva, como barco que sempre navega por entre apertados desfiladeiros da memória. Há um momento certo a cada noite, antes mesmo do raiar do Sol, em que a madrugada é bem mais escura. Esperar, entre os sonhos, a abertura desse portal que deixa o espírito passar por breves instante, para outro lugar, é ter a oportunidade de saltar por entre dimensões, perceber que muitos dos nossos desejos não são ilusões.

Acreditar nos caminhos que podemos percorrer, sentir no ar a brisa que nos leva a caminhar por entre um vazio, sabendo sempre onde pisar, sem nunca se enganar, é a fé que nos conduz ao momento de avançar por entre o escuro, para lá das portas deste céu que nos espera em qualquer instante que nele queiramos entrar. Regressar é uma tarefa mais árdua, depois de ver a beleza de outros lugares, não há vontade de voltar à cárcere deste ínfimo corpo onde a alma se aprisiona em troca de rotinas banais que não queremos jamais.

Alquimia dos corpos

Envoltos no mistério dos sentidos, somos a essência do prazer, o deleite dos sentidos que percorrem em suaves carícias os poros das nossas peles. Somos elixir sagrado, que pelos tempos foi guardado em ampulhetas que derramam grãos de desejo sobre as dunas marcadas dos nossos corpos. Há no segredo do êxtase, um detalhe que se esconde detrás do véu translúcido da libido. Há nos fluidos que reagem na química dos corpos, uma fórmula por nós guardada no âmago dos ventres que se derramam sobre os umbigos como unguento milagroso que exalta o devaneio das sensações. Nesta alquimia preservada por entre as cordas do tempo, propagamos a vontade de nos possuirmos, na unidade que aglutina os corpo, no gemido que é grito calado nas bocas que se beijam.

Murmúrios

Na convulsão dos desejos, os corpos são centelhas inflamadas de paixões, que em escaldantes emoções, se agitam na penumbra deste vazio quarto em que entregamos o prazer. Não importa ser lá fora se veste o dia, ou a noite dorme, nada sustenta a ânsia que nos arde o peito, quando em curvas deslindamos segredos. Arde o incenso que perfuma teus cabelos, chove no ar as letras da música que arrebata os corpos em êxtase. Agitam-se as chamas que queima as velas, evaporam-se fragrâncias que se mesclam nas peles suadas de luxúria. Silêncio, escreve-se no corpo aquilo que as bocas coladas em beijos de pele não se atrevem a dizer. Murmúrios são pequenos gemidos que em

ondas se encontram perdidos.

Primeira Profecia

Há entre o tempo um momento, um instante em que o ar que respiramos se suspende fundo no corpo. Há no silêncio profundo que preenche a alma, que suspende a vida num pequeno segundo. Há no calar intenso entre uma e outra batida do coração, uma pequena fresta se retém, uma porta que se abre e nos mostra o caminho a perscrutar. Nessa fissura cabe uma vida inteira, nesse espaço exíguo somos a perfeita essência, perfume de mil tempos que seguramos na ponta dos dedos.

Há na magia um segredo, na noite mil suspiros, palavras na ponta do dedo. Há nos ícones um mistério, que apenas a alquimia consegue deduzir, que a sapiência sabe conduzir por estreitas veredas de conhecimento. A ciência é um momento, em que se revelam segredos guardados pelo Universo, se faz luz sobre mistérios, que guardamos no âmago da rocha. Há na noite mil dias, e na pureza lágrimas de fantasia.

Nada está completo enquanto não unirmos os pedaços que o

tempo dissipou ao vento. Nada se preenche sem que a taça de vinho se encha, sem que as estrelas nos céus se acendam. Nada será perfeito até que se alinhem as estruturas e das nossas mãos se soltem as amarguras. No mesmo instante em que os corpos se encaixem, em que as peças se fechem e os sentidos se reúnam, uma imensa bola de luz, trará à noite mil dias, e nos teus olhos, reais serão as fantasias.

Rendição dos sentidos

Saber do gosto dos teus lábios que derramam em mim a saliva do prazer, é como conhecer todos os universos paralelos, como saborear a água que de ti quero beber. Sentir-te no detalhe dos momentos em que teu corpo desliza pelo meu, é a sublime vontade de a ti me render, divagar as minhas letras sobre esse corpo teu. Na loucura de um abraço, deixo que o ritmo do teu coração se aconchegue em meu regaço, sei do infinito desejo que nos preenche, da paixão transbordante que acaricia a nossa tangente. Neste fogo indolente, somos combustível e comburente. Nos detalhes da

alma, empolgam-se as sensações, que em frenéticos agitares, provocam aos corpos convulsões. E no centro deste universo perdido, sente-se a explosão, que num gemido exausto resulta na nossa erupção.

Atmosfera

O ar quente banha a pele que sente, arrepia no toque que o percurso dos dedos vai fazendo sentir ao passarem. A penumbra deixa na luz das velas o enigma da parca claridade. Os sentidos dissolvem-se nos perfumes que carregam o ar de especiarias estranhas. Há bocas que se perseguem em beijos molhados, lábios abertos que recebem o corpo no seu âmago. Suados, os corpos não cedem a ritmos delirantes de libidos agitadas em frenesins de prazer. Derramados na atmosfera, surdos gemidos propagam o êxtase que percorre a envolvência dos corpos despidos no nada. Solta-se uma pena que em espiral desce em plena suspensão sobre o silêncio dos corpos que agora jazem vencidos no chão.

Mundo dos sentidos

Habitam na alma os sentidos, que se acordam nos corpos vestidos de peles macias acariciadas pelo vento. Descobrir o caminho que os desperta é viajar por intrincadas palavras. De olhos fechados sentimos melhor os passos. No silêncio descortinamos os obstáculos que privam a libertação do instante em que nos tornamos pura emoção. Sentir é muito mais que tocar, muito para além de imaginar, é um respirar profundo, uma lufada de ar. Sentir é beber dos universos as suas centelhas, fazer da luz pequenas estrelas.

Os corpos que vestis, são apenas casas que vos abrigam, são moradas temporárias por onde passais, salas de aulas onde aprendeis. As vidas consomem-se como fogos de artificio, brilhos que iluminam as noites, depois, instala-se o vazio e espera-se que nos conduzam a outra morada. Deste ciclo faz-se a evolução do espírito, a aprendizagem das emoções, o amadurecimento da alma que por séculos se propaga até ao limiar da perfeição. E não voltareis quando lá chegardes, porque subistes a montanha e atingistes o Olimpo.

Este é o universo dos sentidos, que se faz de caminhadas, de muitos corpos e várias vidas, encontrar semelhanças entre

almas que se cruzam, saber-lhes os traços que as ligam em cada um dos níveis é perceber sempre onde encontrá-las, por mais corpos que vistam, por mais afastadas que possam estar. É no sentimento profundo que se esconde a matriz do que somos, é nele que imprimimos as características que fazem a nossa alma ser diversa de outras, é neles que descobrimos os gémeos que temos.

Momento mágico

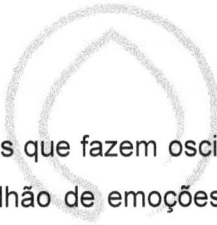

Agitam-se no ar ventos que fazem oscilar a alma, há sentidos espalhados num turbilhão de emoções. Sei que sentes mais do que consegues escrever, outrora falavas para mim e eu escutava-te na distância de outra galáxia, hoje falo-te e escutas-me no silêncio da tua alma. Percebo nas tuas pausas as hesitações, sinto nas letras as hesitações, frutos maduros de momentos muito aguardados, vividos no medo das desilusões. Eu seguro na ponta do corpo a alma que quase me sai pela boca ao perceber a dimensão, a intensidade dessa vida que entregaste na busca incessante do mistério contido na simbologia da poesia. Quase naufrago no silêncio, temendo não preencher o desenho desse mistério que há muito andas procurando.

Amar em silêncio

Este é o mar dos sentidos, que transforma a superfície da minha pele num oceano líquido. Não há desejo que não mergulhe em mim, não há vontade que meu corpo não arraste num marulhar imenso de saudade. Não posso sentir a tua falta, porque teu corpo no meu está mergulhado, como sente o mar vontade de abraçar, se a sua sereia para ele vem cantar a cada noite de luar? A essência do amor não se resume ao calor de corpos emaranhados de prazer, é plena na imensidão do horizonte onde as almas se vão esconder.

Nesta cruzada pelos destinos, somos a viagem cheia de sentidos que abraçamos com toque suaves de letras inventadas nos cálices inebriados do vinho dos tempos. O pão que nos alimenta é reflexo do maná que nos preenche a alma e nos sacia o espírito. Estar contigo é muito mais que sentir os meus braços rodearem o teu corpo despido, é saborear a intensa luz da tua alma que está em mim. Não há fusão sem

calor, nem amor com ausência de dor. Não há presença sem corpo, nem ausência que se suporte, sem uma alma que nos preenche, os vazios criados pelos sentidos desta cárcere em que vivemos.

É preciso criar os momentos, inventar as falas e descobrir as vontades que fazem de nós mais que simples animais racionais. É preciso descolar do corpo, degustar com a alma os prazeres que a essência pura da nossa existência nos serve em bandejas de prata iluminada no luar desta Noite repleta de estrelas. Só assim seremos completos, só assim poderemos ver-nos na perfeita harmonia dos universos. Esta é a porta que nos há-de juntar, é preciso por ela saber entrar!

Abismos

É ténue a estabilidade que sujeita a frágil conexão que nos une. Há um perpétuo vazio que se esboça em riscos ao acaso que nos definem como figuras antagónicas que se perfazem num todo. Neste jogo de equilíbrios os balanços são apostas que se ganham e se perdem no limiar das letras, que, caem no esquecimento dos dias em que nos apresentamos em silêncio. Coloco-me na desvantagem de não querer, de não dever ir além daquela margem que me sustem o corpo antes do abismo. Mas depois quero sentir a vertigem, a falta de nexo que se abre no mergulho para o infinito. É delicada esta emoção, que faz pulsar o coração e deixa a alma sedenta de vontades, de pequenas ausências que aparecem em nós como urgências que não sabemos comportar. E, depois da loucura intensa das noites, deixamos os dias tomarem conta dos olhos que já não vêm com quando estão fechados. Aí somos apenas autómatos em corpos encerrados.

Eterna moradia

Sabes, Cristalina é tua voz que no vazio imenso da sala ecoa como uma mensagem que atravessou o tempo. Surpreso sou como canavial que se verga ao vento da tua mensagem, sou pássaro que balança na ponta do ramo. Anjo sem asas que espera sentado no templo sagrado que para nós foi erigido na margem secreta desta floresta, junto ao lago. Sabes, é no som do teu corpo inventado por minhas mãos que deslizo desejos e vontades, letras e tatuagens que imprimem minha

alma em teu coração. Eu sei que sabes, da profundidade destes sentires, da forma como no passado os fizestes presente e como agora os bebes nas saudades da nossa ausência. A descoberta deste cósmico evento catalisou as minhas energia, fez fluir ventanias que se espalharam nas ruas da tua cidade. São os ventos da eterna saudade.

Dorme menina

Esperaste-me no íntimo recanto da tua alma. Tua silhueta era um contorno etéreo entre sombras e reflexos de luzes suaves. Eu era apenas um olhar, por entre as brumas desse vendaval que assolava a nossa Noite. Fiquei ali, olhando o teu sorriso, sentindo a espera longa desta noite tempestuosa em que os corações sentiam o bater da emoções. Adormeceste, sabendo que te velava o sono, abraçada aos meus sentidos, foste menina adormecida em corpo de mulher.

Sentado na beira do teu leito, sou brisa que te afaga o corpo, envolvo teus sonhos que desenho no ar, em tuas paisagens sou pássaro a voar, em teus instantes de prazer, sou fogo ardente a verter paixão que derramo no ventre macio da tua pele. Dormes profundamente, sabendo que a teu lado há gente. Estou, segurando numa mão a Noite, na outra tua alma. Minhas pernas cruzadas são suporte deste céu que em lágrimas chora lá fora, mas que em regozijo aqui, de flores se adorna.

Neste sono embalado de ritmos que inventamos, somos crianças que caminham nas areias molhadas das praias da nossa infância. Adolescentes que se rebolam ao amanhecer no sal das suas descobertas. Amantes que sobre o cetim desta cama, se esquecem do tempo, se amam. Seremos depois, almas que aos ventos declamam a vontade de perpetuarem os sentidos, por mil vidas e destinos, encontrado-se num abraço infinito.

Dorme menina, de longos cabelos.

Madrugada

Sabes de mim como ninguém, sentes cada letra que te escrevo, cada instante em leve suspenso. Dedilhas o meu corpo que tatuas com a vigília nua do teu corpo. Eu sou teu livro, que lês e relês como bíblia sagrada da nossa existência,

somos apenas reflexos da distância que em olhares já cruzados temos que dizer, que fomos já outrora amados, repletos de prazer. As letras perdem o significado quando os corpos encontramos deslizando no suave estio de um Verão inacabado. Somos a fruta por amadurecer nas árvores que acabaram de crescer. Somos o grito calado na boca que não quer dizer, que não quer declamar o verbo amar. Há nas margens deste lago um lugar onde sempre vimos descansar, onde sentimos os reflexos do olhar, para nos recordar como foi bela aquela noite em que conjugamos a palavra amar. Sabes, menina encantada, na tua voz trazes a minha madrugada.

Rio

Sou rio largo, onde o caudal de palavras afaga as margens do teu corpo sentido. Sou lágrimas choradas que engrossam esta corrente imensa de sentidos que escorre pelo teu corpo despido. Sou praia de areia fina, onde descansas no teu perpétuo naufragar, sou a conjugação do verbo amar. Tu és o meu silêncio, que em mil Noites escondidas recebes meus segredos. És cabana onde me deito, neste lago adormecido por todos os desejos. Este turbilhão de sensações, são furacões que a plenos pulmões sugam o ar que nos arrepia, são a essência, a fantasia em que desprendes teus cabelos negros, onde sentes meu vento sugar teu âmago como se fosses atraída para uma espiral de prazer. És aqui em mim líquido que se mescla no meu rio, água, beijo, calafrio.

Côncavo e convexo

A sala vazia recebe-te no desejo de sentir as palpitações do teu corpo. Deambulas em rodopios suaves de borboleta, segues os ritmos compassados das cordas do teu violino que geme de prazer. Vejo-te crescer, de menina a mulher, enquanto danças como bailarina em rodopios de vontades por dizer. Escuto nos teus passos, as letras que reflectem as vontades do teu ser. Eu, mero espectador, saboreio cada detalhe deste momento em que te sinto. És vento, linha perdida no tempo que no chão desenhas as letras com que me falas. A melodia é o sentimento que bate no teu peito, canção que apenas eu escuto.

Menina flor, de pétalas amarelas, em raios de Sol encantas com teu brilho o meu destino. Giras, atrás da luz que teu corpo frágil seduz. Bebes nos livros ancestrais palavras que em tua alma tatuas com o carvão de meus desenhos. És pele macia que meus beijos sacia, és olhar profundo que percorre a superfície do meu mundo. És silêncio, complemento, peça que se encaixa no recorte de meu corpo, és côncavo e eu convexo. Neste jardim secreto, abres-me tuas portas, deixas entrar o perfume do meu ar, sabes como me saborear.

Eu, miúdo ingénuo, perco nas letras as virtudes da inocência, da simplicidade, degusto com prazer essa saudade que é de ti beber. Ingiro profundamente o teu prazer, que no meu âmago se faz querer, que na minha alma se faz do teu ser. Viajo por teu mundo, observo os momentos em que dormes sonos profundos, velo teu sonhar, como se fosse teu anjo a guardar-te. E, neste movimento perpétuo, somos um único ser, complexo.

Equilíbrio ou perfeição?

Há no equilíbrio a perfeição de quem procura atingir o céu.

61

Cada flor, cada árvore, procura no seu frágil balanço atingir a vastidão, tocar o Sol que lhe acalenta a paixão. Tu resumes como ninguém essa emoção, quando carregas no rosto um sorriso delicado, nos cabelos o perfume do vento, nas mãos a delicadeza das asas de um pássaro. A sensibilidade que se reflecte no teu terno olhar, é gota de chuva que essa planta vem regar. O doce mel dos teus lábios é pólen que a abelha vem procurar. Em teus braços crescem folhas de papel, plenas de letras, de histórias de cordel. E cresces, como pequena árvore, em direcção ao céu da tua perfeição, não sabes se lá vais chegar com a mão, mas ainda assim, sobres na minha direcção. Eu sou apenas água, que do céu em chuva se precipita, loucura que por tua pele desliza, até beijar o chão das tuas raízes e aí te dar vida.

Músicas

Falo com as palavras que se soltam das letras das músicas. Escrevo com as pontas dos dedos que como lábios derramam sentidos. Sinto-te no olhar de quem passa, na voz que afaga a melodia e o corpo me arrepia. Digo a poesia em goles de vida,

pedaços de nada que sentes como um todo que preenche a alma. Sou a Noite inteira por acordar, o vento dos teus lábios quando me vens beijar. No silêncio da minha solidão escolhida, encho a alma de poesias, a boca de palavras sentidas que não ouso dizer, apenas sentir no âmago profundo do meu ser.

Depois vêm teus olhos em mim pousar, como gaivota em alto mar, deixo fluir a luz do Sol que na Lua reflecte o seu amor, és névoa que meu corpo premeia, mulher alada que em meus sonhos se aconchega. Eu sou mágico que em pequenos passes de palavras te envolvo no véu translúcido da minha alma. Junto somos bailado, corpos despidos em chão sagrado, magia por inventar, dança erógena que nos vem atiçar. Explodem no ar mil centelhas de brilho, fogos de artifício que a Noite vêm iluminar, é este o brilho que carregas no olhar.

Utopia

Hoje diria que me faltavam as palavras se não soubesse já que a utopia de que te fazes é figura metamórfica que oscila entre a luz e a escuridão. Sei da volatilidade da tua presença que surge do nada e se desvanece em coisa nenhuma. Percebo-te vestida de vários corpos, que tomas como teus para me dizeres que andas por aí, para depois partires sem nada deixares. Ficaria em silêncio se soubesse que não voltarias, num qualquer outro dia, em lábios de carmim pintada, ou em tela despida, de roupa molhada. Assustar-me-ia se pensasse haver-te perdido, sabendo que num próximo momento voltarias com o teu olhar inconfundível, para fulminar a minha alma numa tarde qualquer. Resisto, fico, sentado no lugar de sempre, esperando que um dia sejas efectivamente mulher. Enquanto não vens, deixo a luz acesa, para ter a certeza que um dia me vais encontrar.

Timidez

Não sei dizer-te o que te escrevo, quiçá porque não tenho

jeito, ou apenas porque o silêncio seja a melhor forma de escutar a voz dos sentidos. Entre cá e lá, deslizam os prazeres, que em pequenas ondas adormecem a teus pés, no detalhe perfeito dos dedos que venho beijar. Sei bem que sentes os meus lábios pousar na nudez perene da tua pele, bebo o elixir dos teus instantes, quando em mim te deixas adormecer, quando meus dedos nos teus cabelos deslizam. É neste silêncio que nos escutamos, abraçamos, devoramos, em beijos molhados, encaixe perfeito do meu lábio em teu queixo.

Sabes, a timidez da minha voz é compensada com a certeza da minha letra que em ti, é constante presença.

Sabes, caminho nos braços do vento, sigo percursos alternativos, caminhos já há muito por outros esquecidos. Sou a própria viagem, que o tempo inconstante leva consigo na bagagem. Sei o teu caminho de cor, sigo-te como a sombra de um corpo inteiro que se estende pelo chão dos teus passos. Preencho os teus infinitos com momentos de absoluto prazer que derreto na ponta dos dedos. Bebo dos teus sentidos a vontade que tenho em definir o teu corpo nos contornos que te desenho.

Sabes, gosto de perder-me no teu ser, como se fosses jardim secreto, momentos intensos de loucura, onde minha alma madura, à tua se segura. Prendo-me nos teus lábios, com um beijo molhado onde nossos mundos colidem num êxtase imenso de desejos por confessar, de fantasias por concretizar. E, neste silêncio em que deixamos o amor acontecer, preenchemos-nos, completando cada recanto vazio do nosso ser.

Em nós acontece a intensidade da vida, que numa pequena gota perdida se faz orvalho numa manhã qualquer desta eterna Primavera em que nossas almas vivem. Saboreio a tua pele, como fruto maduro que em minha boca espreme sucos, confessa mistérios e ensina vontades que fazem em nós nascer a vontade de liberdade.

Sorriso

É na expressão de um sorriso que solto a magia que te abraça o corpo, a alma, o espírito. É nas letras de uma canção que embalo cada batida do teu coração. Neste ritmo

suave e lento, onde todo o corpo sente o abraço, tremendo, deambulam os sentidos, em mil pensamentos perdidos que expresso no teu sorriso. Depois, há um instante em que me ofereço, em que minha alma é como um reflexo que se escapa pela voz, em lábios abertos num momento de alegria. Nesse instante você sentia, sabia, percebia que em mim morava a vontade de te ter, num abraço nos perdermos, numa pequena alegoria.

Desse sorriso nasceram as palavras que, como suaves vagas, teu corpo vão banhando, água límpida derramando na tua pele nua onde sou gota escorrendo, desejando, bebendo.

Aqui onde o corpo é o limite da vida, a alma estende-se num vasto universo que trespassa o abismo dos limites. Sem ela os dias seriam apenas momentos em que o Sol cruza o horizonte, as Noites, escuridão perene. No emaranhado do quotidiano derivam os sentidos absortos na azáfama dos afazeres, passando ao lado dos detalhes que preenchem de prazeres a caminhada.

É na madrugada que, em espaços vazios entre o corpo e a alma, percorro as brisas dos teus braços que como rios, me recebem à chegada. Nas manhãs sinto condensar-se na pele o orvalho que preenche as pétalas da tua flor. Nas tardes de Sol quente, bebo a água fresca dos lábios dos teus sonhos, quando a Noite chega, estamos juntos, de mão na mão, caminhando sobre as estrelas do firmamento.

Depois, o teu terno olhar, que com o meu vem dançar, completa a magia de juntos podermos estar. Saber de cor o instante em que no céu uma aurora vai despertar, os tons multicolores que preenchem cada arco-íris que me desenhas. Neste passeio pela nossa via láctea, somos cometas em constante viagem, na imensidão deste espaço que é a nossa alma.

Fluidos

Espremo os desejos do teu olhar, como fluidos ardentes que se derramam no teu corpo. A minha língua ávida dos teus deleites, segue o curso de um rio de luxúria que vertes nas paredes húmidas das tuas pregas. Perco-me da razão que centra o espaço e o tempo na mente, alienando o corpo em oscilações de prazer que se mesclam nas bocas húmidas dos

nossos seres. Os óleos essências com que minhas mãos cobriram teu corpo numa leve massagem de excitação, são agora aromas que se misturam nas bocas quando nos devoramos. O ar carregado de especiarias, cobre-nos com lufadas de fumos incandescentes que se agitam ao sabor da música e serpenteia até ao tecto. Corpos famintos tomam-se em vontades não mais saciadas num festim que nos oferecemos no prazer de fazermos em nós o nosso próprio amor.

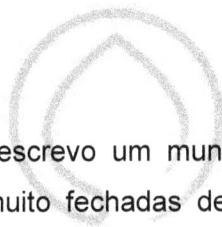

Nos meus silêncios escrevo um mundo cheio de palavras. Abro as portas há muito fechadas de lugares sagrados da alma. Nos meus vazios guardo todos os mares e oceanos do universo, resguardo as areias finas das praias de outros tempos. Nas minhas imensidões faço dos ventos brisas de lamentos que afagam corpos despidos, adormecidos. Nos livros que guardo em prateleiras vazias nos corredores da alma, gravo em letras manuscritas os poemas de mil vidas.

Nas florestas por meus pés percorridas, escondo jardins, encubro segredos que apenas alguns conseguem desvelar. No meu templo habito em silêncio, sentado no balanço dos tempos como último guerreiro, mago esquecido de velhas lendas, em corpo vergado, pele enrugada pelas agruras. Meus dedos trémulos são sombras que se reflectem na imaculada brancura do papel, a tinta com que escrevo são veias que se estendem por debaixo desta pele. As histórias reflexos das viagens que fiz através do tempo.

Tu, serás sempre um risco de fumo, que sobe alto na atmosfera carregada de essências, serás sempre a brisa que em lufadas suaves agita, a curva perfeita dum corpo esbelto que invento nos traços já tremidos com que desenho. Serás memória que sei de cor, recordação de muitas luas, de tantas Noites em claro passadas, ou lágrimas que solto ao vento na madrugada.

Convulsão

É no roçar suave dos corpos que acordamos, no calor das pele que desejamos, no silêncio dos olhares que nos degustamos. Saber da luz brilhante do teu sorriso quando os lábios húmidos se acercam aos meus é como perceber as vontades que ambos sonhamos em preencher. As mãos

deambulam por entre leves toques, enlaçam os corpos, afagam as peles, sentes? Percebes em ti o meu olhar felino, que perscruta as tuas vontades o teu destino. Fogo ardente, espalha-se como brasas quentes por todos os sentidos, as cinzas mornas cobrem-nos como lençóis de cetim que resvalam como labaredas nos olhos cerrados pelo prazer. Silêncio, agitação, pura convulsão de sentidos, espasmos e delírios, e, derramados sobre a cama, relaxam os corpo suados de amor adormecidos.

Palavras

No papel as linhas são pedaços de letras que desprendo, soltam-se da alma, às vezes como um lamento, outras como vento. Nesta brisa sopro sonhos, invento mundos e ensaio cenários que tomam forma nos corações que bebem da água que jorra por entre as frases. Somos um todo, simbiose perfeita entre quem flui e quem tem sede. E, ambos sedentos somos nosso próprio alimento, bebemos do néctar das palavras que em tons de mel nos arrepia os sentidos, nos afaga a pele. Os encantos da partilha são como esculturas de branca mármore onde cada detalhe é uma carícia, onde cada sentido é reflexo da alma de quem sustenta o cinzel. Olhamos-nos, contemplamos a beleza deste mundo irreal, feito de mil pedaços de poesias, de tantos instantes, que ao longo do vasto caminho sentimos, absorvemos deixando que se encastrem no nosso âmago.

Regresso aos braços da minha Noite, onde o silêncio me afaga os sonhos, onde sou muito mais que o corpo me permite ser. Embalo os detalhes em suaves momentos de prazer, retratos de imagens que quero reter, diluo o corpo na penumbra deste lugar mágico onde sou feiticeiro ancestral. Aqui não há limites, abismos, tudo é plano, preenchido de árvores frondosas que fazem os raios de sol parecer riscos de luz que se entranham até à minha pele. O silêncio está povoado de pássaros que cantam, de água que se derrama de fontes de frescura.

Os meus sentidos, mergulhados no lago de tépidas águas são como letras que mergulham nos livros antigos. Memórias desenrolam-se como pergaminhos, nascem no centro deste minúsculo universo formulas secretas que acordam os sonhos

mais reais que a própria vida. Neste balanço, equilíbrio perfeito de energias, posso voar, entre a Terra e o Céu, como se ave fosse, como um anjo sem asas que se sustem nos fios invisíveis deste destino já tantas vezes riscado.

Depois, a minha Noite, em corpo de mulher desenhado nas sombras que a luz lhe oferece, abraça-me, liberta-me dos tormentosos dias que um quotidiano vivido à pressa me impõe, tomando-me, levando-me com ela para qualquer lugar.

Perfusão

Há em ti detalhes que descubro em cada viagem que faço por teu corpo. No teu olhar, as chamas elevam-se com o palpitar acelerado do teu coração. Os meus lábios são lava quente que num beijo derramo em tua boca, os meus dedos exploradores que se perdem em caminhos apertados, em desfiladeiro húmidos que delimitam teus desejos. Em cada milímetro que percorro, inalo os aromas adocicados de uma pele despida, duma vontade desmedida de tomar o todo por cada pequena parte daquilo que és. Neste fogo, sou o combustível que deixo arder nas vontades, nos mistérios de em mim te ter. A beleza do momento que em nós fazemos amor, é reflexo de um sol que anseia por brilhar para lá do horizonte, iluminando todas as noites de luxúria que desejamos ter.

Vontades

No compasso do teu olhar, sigo, percorrendo teus passos sem deixar marcas na areia que pisas. Sou o silêncio que não escutas, o caminho que já percorreste. Tu, és meu desejo, meu sentido, a luz que ilumina a Noite, o fogo que acalenta a alma, o corpo da minha vontade, o próprio ensejo de liberdade. Descubro nos momentos de solidão, a fome da nossa paixão que entre suspiros se digladia com os corpos que se querem e não se encontram, com as almas que se possuem e não se tomam. Nesta demanda de loucuras, insanos são os pensamentos que nos aportamos quando em breves instantes no prendemos na ponta de um leve beijo. E dizer-te nos braços das brisas, em murmúrios pálidos, as forças que em mim habitam, cavalos selvagens que em campo aberto deslizam, galopam na fúria sã de resgatar teu

corpo, teu ventre, tua alma. Vontade expressa nas letras que em agitadas frases te escrevo em cada dia da nossa solidão.

Chegaram os tempos, em que as letras se remetem a silêncios, em que a alma adormece na esperança de uma ressurreição plena do espírito. Estes são os últimos momentos, fecha-se o ciclo, guardam-se no corpo as palavras. Interno-me no mundo dos sentidos, onde sou louco em deriva finita, onde espero qual semente em tempo de estio, pelo acordar das primeiras chuvas que na pele vêm matar a sede da fruta madura.

Enquanto não acordo desta hibernação, ficam as letras no pousio desta estação. Aprendo enquanto minha alma dormente procura novos caminhos, enquanto a poesia descobre novas metáforas e o corpo se sacia do cansaço dos dias. Aguarda-me, regressarei pelo mesmo caminho, com um corpo diferente, com o mesmo destino. Saberás reconhecer-me porque a essência é a primeira e única coisa que irás saber, pertence-me esse jeito de falar, de sorrir e de ser.

Quando o Sol baixar nos céus será o entardecer o pronuncio de um pôr-do-sol que nos trará as cores quentes, os

momentos e paixões ardentes com que gostamos de viver. Nesta cruzada por caminhos perdidos, é do nada que conhecemos as vontades com que aos corpos damos vida, com que as almas preenchemos de alegria. E, no voltar da esquina, lá estaremos, tu e eu, em olhares fixos, em enredos típicos de quem se ama na perfusão das letras, na imensidão das almas, eternamente.

Partir

Partir é deixar atrás frases de sentidos, guardadas na ausência do espírito que viaja já para lá da dimensão dos sonhos. O corpo perece na ânsia de relaxar do cansaço, a vida reclama por um momento de silêncio. Mas, há sempre algo que fica, o rasto de quem passa indelével pela pele de quem sente. Na areia molhada ficam os passos de quem já partiu e a ausência de quem ainda não chegou. Deixar ir o corpo não é de forma alguma deixar ir a alma, esta está omnipresente em tudo o que ficou pendurado nas galerias da vida. Estar dentro deste mundo construído na base das letras

é ser personagem da própria história, é sentir na pele os momentos de vertigem em que o corpo cai em direcção ao abismo e apenas um ténue fio segura a marioneta e a impede de cair. Não vou partir, fico, neste palco por nós inventado, nesta casa que decoramos a traços de palavras que construímos com a ponta dos dedos. E nós, qual personagens, deixamos os corpos partir, para outros corpos poder vestir.

Abetos

Dedilho os sentidos como se fossem mistérios por descortinar, pego suavemente em teus dedos que entrelaço nos meus como se caminhássemos pela mesma trilha, somos apenas abetos gigantes que, de cada lado do caminho cruzam ramos, trocam caricias quando os ventos os agitam. Os corpos distantes não se escandalizam com os desejos ardentes, noites febris em que suaves tormentos nos balançam um em direcção ao outro. Em baixo as folhas precipitam-se em abismos outonais como se quisessem aprender a voar, rodopiando nos braços de brisas frias que ternamente nos despem de preconceitos. Depois, nos Invernos gelados somos corpos nus acalentados pela luxúria das vontades, presos que estamos a esta corrente que nos separa, divididos por caminhos diversos, seguimos quietos cada um em sua margem.

Sabes-me de volta ao mar dos sentidos, este oceano feito de ondas de vento, lugar esquecido à muito no tempo. Meus braços são como ramos que crescem nesta árvore imensa a que chamamos natureza. Meu ventre despido é terra lavrada em pleno estio. Tu, flor de pétalas macias, pele jovem e imaculada, lábios doces como néctar convidam-nos a entregarmos-nos no brilho das tuas cores. Na jovial inocência dos teus sentidos, percebo o desejo da descoberta, a vontade de beber da antiguidade dos tempos. Sorrio, e vou falando baixinho no ouvido do teu universo, acordando-te para este fluxo de emoções que se desprendem como fios de linho ao vento duma nova alvorada.

A manhã aflora em teu corpo o orvalho fresco dos sonhos, gotas que escorrem pelo teu perfil como pequenas cascatas que banham a rocha nua das montanhas. Trazem dissolvida a

tua bucólica essência de mulher, o gosto suave da puerícia mesclado com o sabor intenso da luxúria, derramando a vontade a cada passo, plantando florestas no caminho por onde vais.

Do alto vislumbro todo o teu mundo, sigo as ondas de vento que como vagas de mar percorrem oceanos ocultos, sou pássaro que navega nas correntes destas marés, que catalisa sonhos, vive memórias e incrementa a fé. Sigo teus passos, mesmo quando não me vês, sabes que estou em todos os sítios em que estejas, até nas frestas do vazio, nos abismos e nas quedas, no paraíso onde te deitas.

Delírios

Derramei em sua boca as minhas palavras, como se fosse um suspiro preso ao momento em que os dedos me fervilhavam. Deixei em teu corpo os momentos em que minha pele suada fazia o percurso das tuas emoções. Não parti, apenas cheguei e em ti senti a vontade de um abraço intenso, que envolveu o instante, que fez do prazer um silente detalhe de nós dois. Os dedos perdem-se em socalcos de devaneios por satisfazer, a tela é o teu corpo inteiro que desliza nos sombreados que nas curvas te deixo. Inspiro profundamente, sinto o ar fresco inundar a alma, bebo do teu beijo o meu sustento, espalho o pó das letras em teu manto translúcido, somos vento, remoinhos e pensamento, somos afago perene que se estende para lá dos corpos, vontade louca de ser incongruentes, desejo diáfano de ser unos. Disformes as almas são amalgamas de sentidos dispersas por entre sulcos de rios em completo desalinho, corremos, contra as correntes, sentido cada detalhe dos corpos, cada desejo doido que nos preenche. Aqui, entre almofadas espalhadas pelo chão e lençóis amarrotados de cetim jazem os corpo repletos do prazer que ainda temos.

Folhas de papel

Nas folhas de papel que fazem parte do livro da minha alma, há lugares por preencher, páginas por escrever. Sou um livro em constante mutação, a todos os instantes, sua mão escreve letras que se transfiguram em frases, tocam o corpo como se fossem dedos de vento que me dão alento. O caminho

prolonga-se por entre veredas sobreadas pela floresta dos encantos que sabemos descrever. Em mim você pinta as copas das árvores, em ti, eu traço o rumo dos ventos, juntos fazemos balançar este mundo de ilusões, de sensações, que se agita nas ondas deste mar de brisas.

O silêncio é a pauta onde entregamos as notas desta melodia que construímos ao som do palpitar das estrelas em combustão lenta. Seremos eternamente sois que iluminam as sombras que se escondem no arvoredo dos sonhos, iluminamos as trevas, afastando tormentas e fazendo brilhar os olhos que usamos para nos ver. Há aqui, em nós um segredo não revelado que perpétua esta cósmica ligação que nos entrega um ao outro.

A hera do tempo sobe em espiral nos ramos firmes da árvore da vida. Estamos no fim de um ciclo, a Natureza reclama para si o que lhe foi tirado, desfaz as conquistas, derruba os muros construídos sobre terra alheia. Há no ar um chamamento silencioso, um grito abafado de guerra. A Mãe chama o seu exercito, o Criador reclama das criaturas o seu terreno. Nós, os que estamos adormecidos em corpos vulgares sentimos o apelo, arranhamos as entranhas com vontade de escapar. Crescem-me das mãos as armas da batalha, como ramos que se estendem em forma pontiaguda.

Neste tempo ganharemos asas, e, libertos destas armaduras pesadas voaremos, airosos no céu, defendendo o arquétipo ancestral que está escrito nas nossas almas. Esta será a Noite em que revelaremos nossos sonhos, em que desvelaremos nossas vontades e lutaremos para conquistar o nosso próprio paraíso. De regresso a casa o mundo recompõe-se, renasce das cinzas da batalha, reconstroi-se das feridas que saramos com o puro amor que nasce em nossos peitos. Serei cavaleiro dos céus, e tu a estrela que brilha na ponta do meu unicórnio.

Perdido

Perco-me no sentido louco dos dias em que deambulo por estreitas ruelas frias. Não encontro passagens, não conheço as viagens que devo encetar nem os momentos que ao vento devo gritar. Nasci perdido neste lugar distante, com a eterna saudade de estar ausente, de regresso sempre adiado pelas

curvas da estrada. Não volto porque não posso, não fico porque não quero, estou a meio caminho de lado nenhum, no meio desta ruidosa multidão que se comprime para caber no bote, antes que se afogue no molhe das ilusões. Não! Não sei onde estás, de onde vens e onde te diriges, sei apenas que passas ombro a ombro comigo, olhas no fundo do meu corpo e descobres que estou vazio. Quero! Quero ir para casa, porque lá é onde pertenço, é o berço que embala ainda o corpo de menino, sem voz, sem letras para descrever o lugar onde quer ser feliz.

Debruço o corpo nas cordas do tempo, seguro a alma com a ponta dos dedos e salto para os vazios abissais do teu ser. Salto, como nadador confiante, do alto da tua mente, passando na estreita abertura da tua voz, precipitando-me no lago imenso do teu ventre, sem medo dos rochedos pontiagudos que sobressaem das escarpas do teu corpo. Sinto na profundidade do teu mar a cálida certeza que me envolve neste néctar puro de sentidos de que és feita. Regresso à superfície, sem ter necessidade de respirar, apenas pela vontade de contemplar esta imensa gruta onde

habita tua alma.

Ecoam sentidos que se reflectem na escuridão suave deste lugar mágico, é uma Noite sem estrelas que se salpica de pequeno brilhos reluzentes, são os cristais que te decoram, pedaços de jóias que cintilam no mínimo reflexo do meu olhar. Esta ténue atmosfera sustenta-se do equilíbrio que o espírito extrai do corpo, nesta mescla complexa que mantém intacta a essência do magnifico ser que és. Aqui, escondes o teu mundo, e eu, explorador consentido, por ele deambulo.

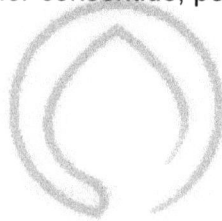

Dentro de ti

Os dedos perdem-se na tua pele arável, criando sulcos de desejos que se preenche de seivas vertidas das entranhas do corpo. Os ventos são sopros de vida que carrego na ponta de lábios trémulos, de vagas de mar que invadem o teu momento. Na profundidade do íntimo instante de beber em golos o teu secreto sangue, dedico o olhar faminto ao fervilhar do teu mais escondido sentido. Nas voltas que teu mundo dá, meus braços são o eixo que te prende nas translação do teu movimento perpétuo, e tu, dona desse pequeno universo

fazes nas estrelas brilhar o meu próprio reflexo.

Entendo o detalhes da tua superfície, alago teu mar com as vontades mais prementes do nosso sonho, lavando com as mãos o ventre já molhado, sentindo com a pele o desejo de em ti me resguardar, preencher, inundar. Bebo o gosto do teu sabor, que acre em mim, arde, como último sentir, como arrepio final do que ainda está porvir.

A magia.

A distância temporal da minha existência reflecte-se nos escritos que a minha alma imprime nos teus sentidos. Acordo as magias, na ponta dos dedos laivos de energia fluem em tons azuis e verdes claros, como relâmpagos em noite de tempestade. No ar, todas as brisas se concentram num pequeno remoinho de vento que faz os teus cabelos voarem à deriva. Ilumino o teu olhar como se fossem pequenas labaredas de fogo brando, que é cálido e não queima. A tua pele irradia a frescura duma juventude que perdura com breves traços de Primavera. Imaculada, desces o manto translúcido que te cobre os ombros assemelhando-te a um anjo branco que num pequeno púlpito espera poder voar. não! Não é um sonho, é puro encantamento, a magia que sei fazer em ti, a descoberta dos teus sentidos em mim. Não preciso tocar-te para sentir o teu corpo diluído no meu, não preciso ver-te para reconhecer o brilho do teu rosto iluminado pela Lua cheia que paira no céu.

Dos teus pés faço subir espirais de luz, pequenas estrelas com que polvilho a Noite negra.

Cascata

Serei o verde da tua floresta, a água da tua cascata, o fluxo do teu rio, a água do teu oceano. Tu serás o desenho de curvas que o relevo me imprime, a vontade de sede que a boca restringe, a fome que o beijo não mata, o desejo que o corpo comprime. Na foz deste alvoraçado regato, há uma paz que se atinge, que se distingue do fogo amado, lá em cima, entre estreitos e apertados desfiladeiros desse corpo despido em mim. Agora, apenas se flui, derrega-se o gelo com o corpo suado, a vontade é silente, a força desgastada está ausente e somos apenas um lago. A floresta impregna-nos de pedaços

da sua intrincada essência, levamos envoltos em nós os aromas ancestrais do que somos até diluir e repousar os corpos nas águas plácidas deste nosso espaço. É na saudade das ausências que este lago se faz mar, e, amar será sempre a última fronteira antes de chegar.

Mergulho

Mergulhamos juntos, na ondulação suave deste mar donde viemos. Os corpos colados deslizam para as profundezas dos oceanos, sentem as carícias da água percorrer como brisas as peles despidas. Vejo o teu rosto turvo, neste profundo azul que faz brilhar os contornos. Sinto-te roçar-me as formas como se fossem tuas as minhas asas. Suspensos na imensidão, percebemos que não precisamos do ar, que para nós respirar é, sentir este imenso mar que nos envolve. Sabemos que há aqui, também um lugar, onde gostamos de ficar, neste estranho silêncio, neste nosso intimo momento, onde as bocas se unem no sal húmido de um beijo intenso.

Sigo-te, os braços remam, guiam e levam as almas atreladas, sei que procuras a luz madura de um Sol em fim de dia, eu, em ti me fecho, num abraço à superfície da tua pele onde o ar nos invade e a luz torna nítida a beleza do teu olhar.

Neste mar, deixamos o amor tomar-nos, os fluidos colar-nos e a Noite chegar, para ao luar, nesta praia deserta, voltarmos a amar.

Detalhe

Em cada detalhe da tua voz há um recanto que procuro descobrir, há um instante sempre a fluir como rio que desce as encostas da vontade. É nos instantes em que te descubro que faço a luz tremeluzir no canto do teu olhar, em que faço agitar o mundo num tremor de desejos que oscilam o centro gravítico do teu ser. Estas são as formas de te encontrar, de saber o teu lugar, de descortinar as imagens que guardas suspensas do teu olhar. Atrevo-me a descolar, saltando dos teus cabelos como asa que voa no espaço, perdido entre brisas, entre aviões de papel que se cruzam nas letras que me mandas, preenchendo os vazios dos tempos, levando-nos a pousar no corpo um do outro. Este detalhe com que me brindas é o símbolo com que minha alma se veste para

preencher a folha branca de papel com as letras que te escrevo.

Alucinação

Hoje foi um instante de vida, um momento em que as energia se escoaram como águas caídas de um céu purpura que chove sobre o corpo húmido de vazios. Calado, não mexo um músculo, apenas espero que a alma impregnada seja lavada de todos os tormentos. Hoje seria um bom dia para libertar o espírito, abandonar o corpo ao vácuo dos tempos, para que ao pó tornasse, para que se evaporasse. Há frases que se perdem na ponta dos dedos, porque as deixo de escrever, porque não encontro o sentido, não entendo a sua origem, no entanto fervilham na mente como algo pungente. Ecos, gritos e gemidos espalham-se como relâmpagos pela alma, clarões de luz sintetizam a loucura que se precipita dos abismos do tempo. Neste silêncio, o mar atenta contra os rochedos, tentando esgotar a força que o impele. Num apocalipse de sensações, vergo o corpo, verto as ilusões sobre a toalha vazia, nesta praia onde a maresia vem dormir em meus braços.

Princesa

Sigo os trilhos marcados no chão, percorro campos e florestas, viajo pelas terras encantadas do teu reino, procurando as tuas fragrâncias. És quem governa esta atmosfera, dona duma essência volátil que no ar se evapora. Eu a teus pés ajoelho, em minhas mãos seguro a rosa que substituiu o gládio. A ti me ofereço, observando teus pés descalços, teu manto ofuscante, o detalhe mais pequeno da tua beleza. Já não luto, já não preciso acorrer em tua defesa, hoje deixo-te o meu corpo, minha alma já é tua há tantos séculos. Desces o teu olhar sobre mim, teu corpo encontra-se com o meu num leve abraço, fechas com teus braços o circulo que nos une, selas com teus lábios o beijo que nos funde. Aqui, no átrio deste palácio, somos estátuas de pedra que lembram o passado, amantes eternos que nos braços se perderam. Estação após estação passam os milénios e para todos seremos a recordação do amor que na rocha se fez eterno. Serás sempre a minha princesa e eu teu cavaleiro.

Brisa

Fixo o teu olhar, ainda que não vejas que te olho, sou apenas um fluxo de energia, uma brisa de vento que atravessa o teu caminho. Volto em remoinho para observar o balancear do teu corpo, a forma como soltas as palavras na interacção com os outros. Conheço o teu jeito simples de ser, a maneira como no teu quotidiano te entregas, sei-te porque sigo contigo, porque sou aquela brisa suave, ou aquela rajada forte que eleva os teus cabelos como dedos que os penteiam, afagam e agitam. Prendo-me nos detalhes, nos pormenores que fazem de ti a única pessoa que sei, é na singularidade do teu ser que transborda a essência daquilo que és, daquilo que gosto que sejas e que aprendi a olhar com estes olhos de vento.

Envolvo o teu perfume, ele é como elixir que me revitaliza, que me salva e me agita, é ele que faz de mim a brisa que sempre segue o teu corpo, como sombra que na luz dança colada na sola dos teus sapatos. Há magia neste meu acto, ou não fosse o amor um feitiço intenso que nos toma, que nos arrebata e leva a ficar estarrecidos de paixão. Esta formula que uso, é tão antiga como os sentidos, faz do meu corpo nada, e do meu sentido brisa que a ti me leva, que te abraça e contigo se deita quando no teu quarto adormeces.

Caminhada

Os sentidos são os dedos da alma, lugares onde deixamos o amor plantar as suas sementes, onde deixamos a vida quebrar as suas correntes. Não há imensidão maior que a alma, nela guardamos as memórias, as saudades e as vontades de ser aquilo que sonhamos. Não há sentido maior que o amor, ele comporta toda a felicidade e ainda tem um espaço para a dor. Voar não é ter asas, mas saber libertar do corpo a alma. Ser um pássaro no céu aberto, sentir na face o vento, descer em voo picado pelos abismos sombrios do destino e depois elevar-se de novo e sentir no rosto o calor fraterno do Sol. Este fluir de oscilações é o que move os nossos corações, o que oferece aos sonhos as nossas maiores ilusões. Viajar pelos campos, é seguir o rumo traçado pelos nossos caminhos, é beber de qualquer fonte aquilo que sentimos e sermos vivos na vastidão deste Universo. E na solidão que nos assola, percebemos que há em nós uma centelha que palpita, que o peito nos agita e nos faz crer que

depois estaremos plenos, intensos no prazer que descobrimos existir nas palavras que dizemos. Caminhemos, e num dado lugar desta estrada nos encontraremos.

Nascer do dia

A luz pressiona a escuridão, o Sol tenta rasgar o negro manto negro da Noite, há na aurora um misticismo que se reflecte nas tonalidades de cores que vão tomando conta do momento. No raiar do dia os corpos silentes aguardam pelo despertar, ficam quietos, envoltos nesta penumbra que os quer acordar. Agita-se a vida, os ruídos espalham-se pelo ar fresco, a energia flui e acontece o momento mágico em que o Sol projecta os seus braços em direcção ao espaço infinito. O reflexos de luz dispersam-se e os tons aguerridos do dia suavizam-se num céu azul, os laivos de nuvens sopradas pelo vento são pinceladas brancas que preenchem as nuances brilhantes do momento. As estrelas, uma a uma vão desaparecendo, apagando-se, reservando o seu brilho para outros instantes. Apenas Vénus brilha no céu, teimoso, reflecte a intensidade do seu astro rei, é o sinal de que o dia

começa, que a Noite termina e com ela os sonhos recolhem-
se nas pálpebras que se abrem lentamente para receber a
vida.

A nossa distância

Nesta carta que te escrevo, entrego o detalhe dos sentidos,
como um toque que não posso fazer-te sentir. Neste papel
envio meus dedos, que em suaves afagos, tocam os teus.
Nestas letras entrego-te a alma, a minha, que já tua é, numa
partilha de sentires que nem o vazio imenso do espaço entre
nós pode diluir. Nesta carta, que solitariamente escrevo,
dedico-te o que mais íntimo se sente, o meu profundo
lamento, a mais brilhante alegria, e, até, a mais inflamada
fantasia. É nas letras que te vejo, que te toco e te amo, como
se fosses um mito, como se fosses meu próprio encanto. É
nesta folha branca que me deito, como cetim de lençóis onde
adormecem os caracóis de teus longos cabelos. És meu mar
imenso, que nas ondas de cada letra te entregas à cadência
dos meus desejos, és flor que desenho na margem desta
carta por acabar, onde sem querer uma lágrima acabo por

derramar.

Neste retalho de vida que sobre o branco te envio, mando a essência impregnada dos meus gostos, do meu sabor e do meu alento, para que saibas que aqui na lonjura do meu ermo destino, escuto o teu pranto, o teu sonho. Sinto a tua mão no meu peito e o calor intenso do teu corpo que na minha pele repousa.

Para sempre em ti

Pequeno mundo

Fico aqui, preso nas letras que escrevo, envolto nos sentidos que descrevo, como se o mundo não passasse para lá desta folha de papel. Olvido a realidade para me enlaçar num paralelo universo criado à medida do que sinto, do que amo, do que quero. É neste oceano agitado pelo brando som da minha alma que te invento, que te desenho e te sustento na ponta frágil de um lápis de carvão.

Neste equilíbrio, rejo o meu mundo, faço o Sol nascer por detrás das montanhas, adormeço a Noite no mar, nascem-me das mãos as florestas e das lágrimas as chuvas que enchem os rios, é um ciclo que se fecha, preso nas letras de um livro. No ar os pássaros assumem diversas cores, os cantos são músicas que completam a imaginação, um turbilhão de emoções faz o vento percorrer os montes e nas planícies o verde impera. Ali, sentada, teu corpo espera, sabe que vou no meu alazão, qual príncipe encantado. Nestes momentos de reencontro, este pequeno mundo exulta de emoção, suspendemos a respiração num beijo alongado e o tempo deixa de passar, para que nossas almas possam finalmente amar.

Bailado

Perco-me nas encruzilhadas da tua alma, imenso espaço pleno de sentidos, mar agitado por vezes indefinido. Sou gaivota que persegue o teu destino, sombra da tua árvore, manancial que de ti brota, numa torrente de água fresca que se precipita do teu corpo despido. Afago os teus cabelos de vento, e nas tuas memórias me adentro. Neste nosso silêncio, somos o encaixe perfeito, curva que delineia os limites da razão, somos a outra metade de um só coração. Caímos

juntos como folhas em pleno Outono, numa espiral de cores que pintamos no céu. Somos luz que trespassa o véu, que descobre a sensualidade dos corpos despidos, deitados sobre o nada, envoltos nos sentidos que saboreamos com as pontas dos dedos.

Não há apenas em nós um momento, há uma eternidade de sabores, gostos e flores que preenchem este jardim de que somos feitos, néctar que oferecemos em estames infinitos, num bailado universal. Sabemos que nos instantes em que nos perdemos ficamos mais próximos de nos encontrar, numa tangente fulminante que nos leva ao limiar desse Olimpo tão desejado.

Digo-te

Digo-te que a alma percorre os labirintos do tempo, caminhos que desconhecemos, lugares perdidos entre universos. Digo-te que o amor não reside no coração, porque este perece e é mortal, mas na alma que é eterna, como a própria essência de amar, é imortal. Falo-te do vento que me traz as tuas cores, num arco-íris de brilho que saboreio nas pestanas húmida dos meus olhos. Divago nas expressões que como falas mudas se propagam no vazio do teu ser, sentes que não caminhas sozinha, que a teu lado navego, que em teu corpo me revelo nos desejos incontidos, nos momentos incompreendidos por aqueles que te rodeiam. Nesta procura volátil, as fragrâncias dissipam-se em nuvens de magia que impregnam a tua pele despida, as velas acesas agitam o ar num bailado perene que incendeia o mais intimo dos sentires. Seguimos, pela estrada que serpenteia a montanha, numa incessante escalada, palavras contra palavras, corpos que se encontram com corpos, almas que em perfusão se amam. E subimos aos céus, caminhando sobre as nuvens do êxtase para descobrir o lugar que há séculos procuramos.

Encruzilhadas

Há momentos em que me perco, não sei para onde caminhar. Fico no meio das encruzilhadas, parado, à espera que o tempo me leve. Olho, tento perceber por que caminho seguiste, espero que a brisa me traga o teu perfume, que tenhas deixado no céu um sinal, ou que, na beira da estrada,

deixasses de forma propositada, um fio de teu cabelo. Sei-te, como se tivesse sido o teu arquitecto, o engenheiro que construiu o teu alicerce, o obreiro que com as mãos colocasse cada átomo do teu corpo. Sei-te na plenitude da tua alma, o cheiro da tua aura, a cor da tua energia pura. Ainda assim me perco, porque te encontro dispersa em mil e uma galáxias e universos. Olho o céu estrelado, entendo o alinhamento dos astros que nas sua configuração me estendem a solução, estás ali, na estrela mais próxima, que cintila ofuscantemente no brilho do meu olhar, é para lá que vou caminhar. Espera-me, não partas, não fujas como estrela cadente que risca por momentos o meu firmamento e se esconde na escuridão da nossa Noite.

Volto ao caminho, certo de que te sigo, ainda noto na areia molhada, resquícios da tua última pegada...

Neste sonho

Há no sonho uma fronteira, um lugar onde perdemos a liberdade e o corpo nos reclama, onde o respirar é a chama que nos alimenta. Nesse limite há uma metamorfose, onde deixamos de ser borboleta e passamos a ser lagarta, onde perdemos a leveza para ficarmos presos à traça. Na margem de cá, somos a vontade de voar, o vento que sem lamento nos sopra as carícias no rosto, somos quem queremos sem medo de sermos o que somos. Aqui não há regras nem pressões, há apenas emoções. Aqui, no limiar da realidade, tantas vezes estiro a minha mão, com vontade de te tocar, tantas vezes sinto o teu cheiro por mim deambular. Mas o corpo não voa, é estático e o quotidiano absorve-o, mas... tenho a alma, maior que o Universo, que cruza céus e desfaz tormentos, que vence batalhas e bebe dos ventos tão somente para em teus braços aportar, em tua boca teus lábios beijar, em teu corpo de luz meu corpo mergulhar. Nesse instante, sou dono de todas as galáxias, e nos mundos mais exóticos colho as flores com que teu corpo adorno, na plácida tranquilidade do segredo, em teus braços de vento adormeço, para sempre, este sonho sonhar.

Estranha forma

Afago-te o rosto, sem tocar a tua pele, num sentido expresso no ar, deixo-me ficar quieto, quero-te contemplar. Sabes onde estou, tua mão vem procurar os meus dedos, entrançam-se como trama de tecido, que se faz de seda fina, que deixa passar a silhueta, e percebe na nudez a beleza que transpiras da pele. É neste pedaço de tempo, em que nada mais és que alento, que faço vida, que preencho a madrugada com o teu dia, e fico calado. Aqui, no anverso do momento, sei que estás a olhar o infinito, percebes no horizonte o teu destino, e no futuro sabes que sou um pedaço do teu texto, um momento do teu livro, um dia da tua vida.

Não sabes onde estou, sentes apenas o perfume que o ar te traz, escutas apenas o murmúrio do vento ao passar nas folhas, silvos que acordam as vozes, que quebram os silêncio de tantos e tantos tempos. No chão, rolam os corpo que se enrolam numa dança de perdição, onde a carne satisfaz o desejo da paixão. Grito, corto o ar com a voz, agito o corpo inflamado, bebendo na boca o sangue fervente do desejo, e tu, sentes nas entranhas do teu ventre um fluxo que te preenche, que te toma e infla numa precoce onda de fluidez, teu corpo rígido, reflecte o prazer da tua tez.

Luxúria

Filamentos de luz descem do céu, há um brilho diverso na luz que ilumina o rosto, há um fluido espesso que percorre as entranhas e se derrama em silêncios. No limiar da noite, escorre do firmamento uma beleza incomensurável, um instante inacreditável que se envolve nos corpos nus dos amantes. Desperta-se a sensibilidade das peles despidas, suspensas no vazio pleno deste mar. Resvalam as gotas em carreiros de prazer que se diluem nas palmas das mãos. Há aqui um oceano de sentidos, que ao sabor dos gemidos se desfaz em lânguidos poemas. As línguas absorvem a saliva que se mescla nas bocas de quem se beija, os cabelos molhados são fios de seda que se enrolam em torno dos braços. Há um fogo sem chama que arde na flama da alma. Há um instinto sobre-humano que se agarra aos corpos sedentos. Bebem-se os beijos, devoram-se os fogos que em branda fogueira queimam incandescentes luxúrias. Sabes? Sentes? Murmuras, escuto, degusto, engulo o gosto agridoce

do teu corpo, na fugaz essência deste prazer insano que me despertas.

Porquê?

Às vezes paro no meio do caminho, pergunto-me porque estou aqui, tento perceber o percurso que me trouxe até este momento. Sabes, às vezes não entendo qual o objectivo, porque tenho de andar assim, porque devo dizer, escrever, falar o que falo. É difícil perceber os porquês, as razões que levam a que me sinta por vezes completamente inútil. Um dia mostras-me a luz, no dia seguinte deixas-me no escuro, esperando que eu faça do nada a luz que ilumine o meu mundo. Umas vezes anjo, outras vezes demónio, oscilo entre estados que me parecem tão voláteis que nem o corpo que me emprestaste consegue suportar a alma da qual me fizeste. Tantas vezes parece mágica a mensagem que me incumbiste de proclamar, tantas vezes parece fantástica a palavra que me mandaste escrever, mas, depois, não entendo porque a mim próprio não a consigo dizer. Este reflexo celestial em que se embebe a magia destas frases, fascina quem lê, excita quem sente, mas por vezes atordoa quem escreve. Tanto que me pergunto Senhor, o porquê desta forma estranha que me ofereces, o sentido difuso daquilo que me pedes.

Fogo lento

Na fluidez dos sentidos, há um instinto que nos impele a mergulhar no mar das emoções, que nos acorda e arrepia quando nos acordam sensações. No fim dos dias o Sol adormece por entre os seios das montanhas, aos poucos a Noite estende o seu manto salpicado de luz e a Lua ilumina os desejos mais secretos dos nossos corpos. Embalo o teu corpo nu que entre meus braços aguarda pelo prazer prometido, dos lábios solto murmúrios, letras de canções que te invento. Nos dedos seguro as pontas de teus longos cabelos, pequenas ondas que desmaiam na praia nas minhas mãos. Olhamos os céu com olhos vidrados de vontades, saboreamos o vento com bocas húmidas de luxúrias que não queremos esconder. Na inocência do amor, contemplamos os astros que como mapas nos ensinam o passado, este fogo lento, é perfeito alimento para corpos e almas sedentos.

Num traço perfeito, uma estrela arrisca-se a cruzar o céu, num instante de beleza pura, sinal da vida que palpita para lá deste nosso mundo. Ficamos aqui, enrolados nos corpos, esperando que a aurora venha dar-nos um novo dia, que o Sol encontre depois, os corpos de nós dois, exaustos, plenos de prazer, e de almas inundadas da beleza do amor que acabamos de fazer.

Chuva

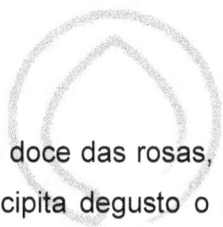

Sinto no ar o perfume doce das rosas, na água da chuva que sobre o corpo se precipita degusto o aroma agrido da lima, recebo-o como bênção que resvala pela pele impermeável deste corpo a que chamo meu. As roupas ensopadas reclamam o peso das tranças de água que se desprendem em fios até ao chão. Os elementos mesclam-se na fluidez deste tempo, envolvem-se neste elemento liquido como fórmulas químicas que agitam os sentidos. Os olhos pejados de lágrimas salgam este mar de emoções que em vagas se agita no seio dos nossos corações. À minha frente, esse corpo encharcado é uma reminiscência de um traço que conheço, um reflexo de luz que representa no meio desta tormenta o teu corpo nu. Frente a frente, neste oceano de ar húmido, deixamos os ventos contornar-nos, agitar as gotas que escorrem em pequenos regatos que se fazem riachos, rios e mares de vontades que se impregnam de nós. As nossas essências mudam de fragrâncias, os olhares cruzam-se em brilhos que se percebem, não há vozes no ar, apenas pensamentos que se respondem em perguntas que se fazem. Bebe-me, saboreia a chuva que sobre ti precipito, enquanto degusto todo e qualquer dos teus sentidos.

Beijo

Na intensidade dos sentidos, os corpos atraem-se como ímanes, os olhares são correntes que nos prendem e as bocas, sorvem o ar com desejo de se aproximar. Sente-se a esta distância o sangue em ebulição, a língua deixa húmidos os lábios e os poros dilatam-se respirando a vontade de se devorarem. Olho-te, vês-me, sinto-te percorrer-me, as pontas dos teus dedos caminham em mim, correm por todos os detalhes do que sou. Derramo em ti as minhas mãos que

como rios resvalam na tua pele nua, seguro-te o corpo que num balanço ao meu se cola, precipito o meu rosto que num avanço ao teu se encosta. Nasce um beijo, que no silêncio se entrega suave no deguste dos lábios plenos de sabor, mel de amor que tens para me entregar. Depois saboreio-te a língua que em ondas de ternura me entregas, desenho os teus lábios, percorro os contornos e tu dás-me a tua vontade, desejo que é nosso e devoramos na luxúria deste momento. Sentes inflamar os meus contornos, o fogo desenlaça-se, alimenta-se das imagens que adivinhamos, de desejos incontornáveis que nos manifestamos. Fecho os olhos, encontro-te do outro lado da escuridão e juntos deixamos fluir esta erupção.

Dois mundos

No paralelo dos nossos mundos, somos criaturas feitas de almas imensas, somos vozes contidas, reflexos, descrenças. No palpitar dos dias, somos alimento, somos fermento que inspira, vontade louca de existir numa dimensão maior onde a nossa sorte fosse outra. Nos antípodas da existência real, a alma devora o mundo surreal dos sonhos, dos pensamentos e desejos em que o corpo é tão volátil como a água no deserto, mas a alma eterna como o próprio tempo. Aqui, nesta arquitectura complexa do quotidiano, o corpo entrega-se ao tempo, seguindo uma cadência premeditada que leva ao envelhecimento, ao desgaste, os sentimentos sofrem igual erosão. No hemisfério oposto a eternidade suspendeu a passagem dos segundos, a alma propaga-se em cenários criados, em desenhos pintados em aguarelas suaves, fluímos, voamos e podemos ser tudo aquilo que não nos deixaram ser. Neste nosso lugar, o sentidos crescem e as vontades emergem das pétalas das flores que invadem os nossos campos.

Há um ténue equilíbrio entre estes lugares antagónicos, um é contrapeso do outro, mantendo-nos de pé, como um frágil castelo de cartas, que uma leve brisa, ou uma trémula mão pode derrubar.

Juntos

Entrego à intensidade do momento o meu sentido, caminho por entre trilhos perdidos que me levam ao centro da tua essência. Não há em nós mais que o desejo de estarmos sós. Somos reflexos que o espelho nos oferece, em imagens avulsas de corpos que se olham perfeitos, embevecidos e desinibidos. No enquadramento desta paisagem luxuriante, dispersamos-nos nas diversas forma de sermos nós, juntos em um segundo, perto do calor dos lábios, do fogo dos segredos que guardamos escondidos. Ouve, escuta lá fora o vento soprar, a vida acontecer, e o dia mudar, e deixa-me encerrar o teu corpo em meu abraçar, fazer-te esquecer do tempo, e viver apenas este singelo momento em que somos tudo aquilo que o desejo nos permite ser. Escuta, não digas nada, deixa fluir a música que as notas derramam sobre tua pele nua, pressente as minhas mãos que dançam sobre teu ventre e deixa o espírito voar, envolto na névoa da minha alma. Vem, vamos tocar o luar, num murmúrio incontido nossas preces soltar, e, escrever no ar, esta nossa vontade de amar. Não meu amor, entre nós não há espaço, estamos em corpos enlaçados, de almas fundidas, comprimidos nesta vontade de satisfazer o profano, que é muito mais que sano e nos projecta para lá dos limites daquilo que fomos, que somos.

Alma

Reflicto sobre a essência dos sentidos, as ligações cósmicas que nos levam a deduzir sensações, que nos aproximam de certas almas e provocam nelas avalanches de emoções. Percebo que há uma rede de conexões que são fios invisíveis que nos unem, que nos ligam numa torrente saborosa de sentimentos. Esta ligação não acontece sempre, não acontece com toda a gente, apenas com aqueles que como nós partilham duma capacidade sensorial diferente. Aqueles, como nós, que presentem numa palavra a fonte que a jorrou, que deduzem numa frase o intuito para que foi escrita. Afinal, no principio foi a palavra que nos juntou, que nos abraçou num afago terno, que nos fundiu numa corrente tórrida, que fez diluir-nos em oceanos de prazer. O prazer de ler, mas também a capacidade de o sentir na pele, de provocar o corpo que reage ao estímulo da verbalização dos sentidos.

Recebo em mim o retorno das emoções que dissemino, percebo que não estou sozinho, que lá fora há muito mais seres que percebem nas palavras aquilo que digo com a alma, este é o reflexo duma alma colectiva que se estilhaçou em mil pedaços no início dos tempos e que agora se reencontra em cada grão de areia desta praia celeste.

O amor

Há na saudade um gosto agrido que nos faz desejar a doçura de um beijo nos lábios. Esse aveludado de sensações que se derretem na ponta dos lábios, esse prazer constante que como mel resvala lento pela garganta. Sabes o sabor do néctar de uma flor, a beleza que encerra nas diversas tonalidades de um degustar lânguido e pleno. Não me importo com a longevidade deste momento, apenas com o desejo nele contido, no sabor espremido que dois lábios em si comprimidos. Este jorro morno que se derrama em cascatas de puro prazer, é o fluxo dos sentidos que se desprendem das montanhas da luxúria e rolam como pequenas bolas de neve ardente. Este sentir é a catarse da alma que em ondas de choque agita as vontades e as faz sucumbir ao mais íntimo de todos os desejos, o amor.

Fogo ardente

Resvalam as palavras como dedos pelo corpo despido de medos. Sente-se no ar a ardente vontade que a pele quer reclamar. Há nesta passagem entre nossos mundos um fogo pungente que nos cerca os espíritos, que nos aperta em laços de delírio. O escuro silêncio, envolve cânticos que murmuram desejos, acordam os poros, arrepiam sentidos em abraços tangentes que se roçam na nudez premente de nós próprios. As bocas calam as línguas que como serpentes se enleiam nos céus das nossas bocas, procurando atingir a profundidade da luxúria que do mais intimo de nós se solta. Completamente cegos, deixamos os olhos derivarem em todos os sentidos, procurando descobrir os detalhes ainda não vistos, sentidos, perscrutados. Derramam-se as velas que vertem a cera ardente que os corpos inflamados derretem, neste morno sentir, deixamos-nos seguir. Num grito, soltam-se as amarras e os barcos vagueiam na explosão deste êxtase

que partilhamos.

Vontade

Cristalina é a água que te corre nas veias. Imaculado o sangue que te ferve nas entranhas. Tépido o beijo que seguras nos lábios. Não há fim, não há início, apenas o prolongamento das sensações que emanas. Arrepio de pele, silêncio côncavo que se aconchega nesta folha de papel. Brilham as luzes como estrelas que se vertem do firmamento sobre a nudez crítica da tua alma em perfeito entendimento. Voz, rouca, tua, que em palavras húmidas desliza sobre a minha superfície convexa. Provo o ar, com a língua arqueada pelo prazer de te degustar, sinto a saliva borbulhar no apetite voraz de consumir cada detalhei. Este fátuo fogo que queima sem aquecer, que imola sem derreter, funde-nos a pele, molda-nos os corpos criando um único ser. No limiar das sensações, enrolamos-nos nas letras, construímos castelos, voamos como poetas, amantes, que se propagam como ondas distantes. Amanhece-nos nos olhar os dias que entre nós deixamos passar, o ritmo lento deste enamorar é perpétuo, constante vontade de sonhar.

Viagem alucinante

Estou quieto, o corpo imóvel sobre a cama vazia enrola-se numa posição fetal. A atmosfera fria é um manto despido que cobre a pele descoberta. O ar perfumado relembra-me os odores primaveris, que se mesclam com a madeira queimada do incenso que ardi. Este clima provoca em mim uma letargia que gela o ser mas liberta a alma. A mente invade-se de murmúrios, aos poucos transformam-se em canções, que embalam as minhas emoções. O escuro dos olhos cerrados preenche-se de brilhos cintilantes, há um vórtice que absorve os sentidos, que suga a alma para outros destinos. Abandono-me, fluo como um rio sem sentido, por entre desfiladeiros e lagos, na torrente das emoções. Vagueio no universo das cores, entre imagens soltas de momentos vividos, cruzamentos de vidas que recordo, que sinto. Muito para lá do limiar dos sonhos, adquiro novos corpos, vivo outras vidas percorro outros mundos. A alma regenera-se e dilata-se com as experiências paralelas já vividas, alimenta-se e regressa

lentamente ao corpo onde habita.

Eclipse

Vaguear por este imenso mar é deixar o corpo perdido na areia húmida de uma praia qualquer. Libertar desígnios, soltar as amarras da alma que como nau navega por lugares desconhecidos. É na tua enseada que me encontro, como lugar de amaragem, como porto onde me seguro. É nos teus braços que me embalo, como vela solta ao teu vento, é no teu âmago que afogo todo o meu tormento. Aqui, em ti, não há lugar de passagem, momento de perigo, apenas um porto de abrigo. Sentes o meu palpitar, como se fosse estrela, que no imenso céu incendeia a luz que te faço chegar. Visto-me das cores que preferes para te dizer onde estou, para te pedir que me olhes como se nunca me houvesses visto. Minhas asas, cansadas das tormentas, são agora apenas feixes de luz que irradiam a tua beleza. Todas as noites nos encontramos, eu porque preciso do teu regaço, tu porque te sentes só, e neste abraço somos o Sol e a Lua, que num eclipse se unem nesta sombra nua.

Ser nada

Hoje poderia falar-te de tantas coisas profundas, dizer-te daquilo que sonho quando tenho os meus olhos abertos, daquilo que sinto quando tenho os meus sentidos despertos. Hoje podia perder-me nas descrições de tantas e tantas emoções, poderia tentar convencer-te que o céu não é apenas negro quando é de noite, que a Estrela da Tarde é um planeta e que apesar da dor a vida é sempre bela. Não, hoje não quero perder-me entre palavras, deambular pelas conversas banais, ou por outros discursos mais intelectuais, não me apetece filosofar, sequer sonhar, prefiro apenas ficar calado, encostado aos braços do meu silêncio, no conforto confinado deste momento, em que apenas olho, em que apenas contemplo, o brilho claro de um sorriso, o detalhe quase imperceptível dum reflexo, ou, tão somente o contorno suave duma silhueta que no chão da rua projecta a sombra do teu intelecto.

Há dias assim, em que prefiro não ser nada, para preencher-te com tudo aquilo que gosto de observar em ti.

Lugar secreto

Encontro-te na solidão da tua alma, fechada nessa cápsula do tempo, enclausurada nesse jardim secreto. Vejo-te na lonjura deste momento como pequena pluma à deriva no vento. Com as minhas mãos em concha amparo a tua queda, sujeito-te na leveza do teu ser, como frágil e delicada beleza que se reflecte no teu singelo rosto. Guardo-te junto ao meu peito, nesse lugar terno e caloroso onde os sentidos se acomodam ao teu esbelto corpo. Levo-te para esse lugar secreto, templo imenso onde em altar te venero. Neste chão sagrado, fazemos-nos seres encantados pela magia de outros tempos. Aqui, onde a luz tremula das velas agita as sombras dos corpos numa dança perpétua, somos secretos amantes em silêncios distantes dentro da nossa própria alma. Dedilho teu corpo como um músico acaricia as cordas da sua guitarra, deixo que o som da tua voz seja melodia que no ar se propaga nesta atmosfera fumegante de madeira perfumada. É nos lábios do teu corpo que bebo os teus mais secretos desejos e liberto o prazer de neste nosso íntimo recanto te ter.

Corações ardentes

Prender os meus dedos nos teus, como quem prende a Lua num olhar, como quem segue uma estrela no seu lento tombar, é sentir em cada momento um breve despertar, perceber os teus sentidos ao acordar. Deduzir no perfume adocicado dos teus cabelos a fragrância dos teus sonhos, é como inalar o cheiro da floresta acabada de molhar. Percorrer em cada traço o perfil suave do teu corpo é como caminhar descalço na beira do teu imenso mar. Voar sobre as protuberâncias dos teus seios é como planar sobre as montanhas do meu pensamento. Olhar para o fundo dos teus olhos é como mergulhar num lago tranquilo onde me banho. Este elixir que nos toma a alma, é fluido agradável que nos preenche com calma, que nos invade, milímetro a milímetro o corpo e nos afoga num oceano livre de desejos. Nestas pausas, somos pequenos silêncios que deixam os murmúrios divagar pelo espaço que nos envolve, e entre os braços talvez soçobre esse coração há muito enamorado que procura entre tantos abraços ser consolado.

Nas entrelinhas deste momentos há instantes em que nos perdemos nas mediações que a vida nos impõe, mas essa

cálida brisa sempre regressa para trazer de volta ao lugar de sempre os mesmos corações ardentes.

Esperar

Um dia gostava de poder sentar-me no cimo do monte, ficar ali horas a fio para poder esperar pelo momento de ver-te chegar. Queria poder observar a delicadeza do teu caminhar, a silhueta do teu corpo na contraluz de um pôr-do-sol, seguindo-te tranquilamente com o olhar de quem sabe esperar. Aguardar-te serenamente como quem saboreia a ansiedade, como quem inala os perfumes da tua essência entre as fragrâncias da natureza, numa antecipação da tua presença. Queria ter o tempo do meu lado para poder imaginar-te, perceber os detalhes da tua alma antes mesmo de conhecer-te. Poder nesse tempo fazer-te uma flor de papel, preenchida de palavras que me atrevo a escrever-te. Este interlúdio, preenchido pelos sons dos pássaros que, pressentindo a tua presença, vêm brindar-te com o seu chilrear, seria apenas um instante, até que no horizonte distante, teu corpo visse chegar.

Ser pássaro

Sabes, gostaria de ser pássaro, queria poder sentir o vento elevar-me o corpo, a brisa pentear-me as penas. Queria ver o mundo com olhos pequenos, do alto dos penhascos, ou, dum galho de árvore. Poder saltar para o abismo sem ter medo de cair indefinidamente, abrindo as asas e sustentando a alma em pleno voo. Gostaria de ver as estrelas de perto, subir alto no firmamento e depois descer a pique, rodopiando num turbilhão de emoções. Queria poder migrar, continentes inteiros atravessar, visitar cada recanto, sentir o cheiro de cada flor exótica, ou, provar de tantos frutos. Poder sobrevoar o deserto, contemplar o mar quando o Sol de Inverno roça ao de leve o mar.

Mas muito mais que tudo isto, queria ser pássaro para sentir a liberdade de ir para qualquer lugar, para provar o gosto de cada momento e perder-me no horizonte, deitar-me na noite distante e a teu lado acordar.

O mesmo lugar

Entre os espaços em branco do meu pensamento sempre sopra uma brisa diáfana que me impele para um lugar secreto. Sigo-a como quem segue o vento, como rio que segue para o mar num completo serpentear. As bermas deste caminho estão plenas de flores, perfumes de jasmim e malmequeres de folhas amarelas, ao longe estende-se uma planura imensa de verde vivo, a floresta é o limite daquilo que sinto. Seguindo o trilho dos meus sentidos, regresso à casa onde sempre me retiro, ao solar no meio das árvores que me serve de abrigo. Neste misterioso sítio, os sons são música para ouvidos e a água fonte de novas vivências, purificação alada que meu corpo banha. E os silêncios, os silêncios são letras que em velhos livros escrevo, segredos, magias ou, pura loucura da minha autoria. No balanço destes momentos, deixo o corpo livre dos tormentos, aprofundo a mente e apuro sentidos, é daqui, deste lugar especial, que te escrevo as cartas que te vão envolvendo.

Castelo

Sei da dimensão dos sentimentos que carregas, de como são imensos, delicados e densos. Sei desses mares onde me guardas, dessas nuvens altas onde me elevas. Percebo como vivo em ti, como habito cada célula do teu corpo, como sou parte do teu ar, fogo do teu fogo. Nessas vagas que te trazem, como maremotos de sentidos, recebo-te de braços despidos, de alma nua e sem qualquer abrigo. Sei que achas que sou como a muralha dum castelo feito no píncaro do vento, onde o teu sentimento bate como sopro contra o frio da rocha, mas na verdade sou apenas eu que me escondo porque não posso dar-te o abraço da vontade, ou a loucura da saudade de te preencher por dentro. Não estou tão alto assim, estou sempre sentado no seu ombro, como duende encantado que sopra no teu ouvido recados, mensagens e desejos que te fazem dormir sorrindo quando sentes meus pequenos dedos sobre teu rosto fugindo.

Um dia, talvez para lá do fim do tempo, onde todas as fontes jorram água límpida e todo o vento é suave como a brisa, eu possa mostrar-te o firmamento que carrego dentro, onde todas as estrelas te pertencem e onde todos os brilhos são

reflexos do teu olhar.

Templo das letras

Nas letras que compõem este templo onde me sento, encontro a tranquilidade do silêncio, a calma que preciso para a minha alma. Reencontro-me com o espírito que me criou, reflicto em tudo aquilo que sou. Aqui purifico a mente, aprendo com as lembranças de passados remotos e reinvento todos aqueles momentos em que fui o que já não sou. Este lugar sagrado, é terra fértil, chão molhado onde floresce cada flor que planto. Nas esguias colunas deste lugar os pássaros vêm pousar preenchendo de vida o espaço. Gosto de aqui estar, gosto de me sentar para poder meditar, sentir a paz que me invade. Neste altar onde não existem divindades, apenas a luz intensa do Sol reflecte um brilho imenso, preenchendo de reflexos as paredes, riscando a atmosfera com raios fulgentes que inebriam o meu olhar. Não dou pelo tempo passar, neste pequeno universo, o corpo é apenas uma centelha de energia que aguarda pelo momento certo, pelo instante em que se fará eterno e ao céu se entregará.

Quarto vazio

Entre o amarrotado de lençóis dispersos pelo chão deixamos abandonada a emoção dos momentos vividos sobre este leito ainda morno de nossos corpos. Partimos, com destinos diversos para mundos diametralmente opostos. No ar ficou o calor de um prolongado abraço, o perfume salgado dos corpos suados, a essência dos sentimentos aqui partilhados. Ficou também o silêncio, a ausência de vida que neste quarto fechado jaz espalhada pelo soalho.

Aqui, o fim do dia trás recordações, de fortes e intensas paixões que deixamos penduradas nas paredes deste lugar, retratos em tons de cor que reflectem os traços do nosso amor. Em leves pinceladas, deixamos esculturas de nossos corpos, figuras pintadas com o carinho dos beijos que demos. Ficou este quarto vazio, vazio e tão cheio de tudo aquilo que fomos, dos momentos vividos no limite de uma realidade que nós próprios inventámos.

Um dia, nas saudades que o tempo há-de trazer, de novo nossas vontades vão os nossos corpos trazer. Na euforia desse instante, seremos novamente amantes num quarto qualquer.

Dilema

Percorro o espaço vazio entre cada momento, procurando entender a vontade de descortinar uma forma de o preencher. Não sei por onde vou, mas sigo, de olhos fechados como se soubesse o fim do caminho. Os dedos tocam as paredes nuas de cada segundo, procurando adorná-las de traços que formem figuras. A voz calada murmura as secretas palavras que acordam os feitiços, que promovem os encantos e fazem da magia aquela branca luz de nossos sonhos. Sinto, neste ínfimo espaço entre cada pensamento, o recato que preciso para saber onde estás, como me sentes e a fé que depositas nas minhas letras. Deixa-me dizer-te que apenas nelas sou mago, no entorno em que se dissolvem no papel que as suporta, na forma que tomam quando no seio do teu ser as lês, essa é a minha única magia, porque afinal nada mais sou que um mero mortal.

Mãe Natureza

A neblina afaga os cumes das montanhas com o seu gélido hálito, a chuva precipita-se dos céus sobre a terra sedenta, a floresta recebe esta dádiva, absorvendo cada gota que cai no seu âmago enquanto o vento agita as suas copas, é um bailado, em que o ciclo da vida se envolve numa dança intima entre os elementos. Não haverá Primavera sem um Inverno, não haverá flor sem que a planta mate a sede que o Verão quente lhe infringiu, Esta cadeia de acontecimentos é controlada pelo equilibro da Mãe Natureza, que em toda a sua imensidão nos oferece em cada estação a beleza destes momentos.

Gosto de ficar sentado, sempre que sinto o astro molhado, a ver a chuva cair, é como alento, como ter a certeza que uma Primavera está porvir.

Momentos mágicos

Fecha os olhos, estende as tuas mãos, segura as minhas e deixa que te leve nesta viagem por entre as sombras de um olhar. Deixa que te pinte um cenário de encantar, repleto de cores, de fantasias e tantos outros sabores. Vem, não tenhas medo de tropeçar, é nas minhas mãos que vais por este mundo navegar. Deixa-me guiar o teu espírito pelos labirintos do jardim, sabendo que a tua alma agora habita em mim. Anda, caminha a meu lado, deixa teu braço no meu enlaçado, permite ao Sol que acabo de inventar, tua pele bronzear. Solta as tuas asas, vem junto a mim pairar, sentir como a brisa teu corpo faz voar, abraça o vento, deixando que o vazio se preencha do fôlego do teu sonhar.

Neste magnifico lugar onde tudo podemos encontrar, sentimos o apelo de um beijo que em nossos lábios vem selar e na voz vem conjugar todos os tempos do verbo amar.

Círculo da vida

Liberto-te no orvalho da manhã, como gota da minha essência que resvala pelas folhas desta imensa árvore da vida. Deixo que roles, descendo os patamares do teu destino, rumo à terra que te há-de absorver. Sigo-te como pássaro em pleno voo, mergulhando fundo no coração desta floresta de perfumes intensos. Vejo os reflexos da luz que te atravessa, projectando no ar arco-íris de cores com que pintas os teus desenhos.

Antes de deixares a superfície lanço-te um último olhar de saudade, sabendo que no teu caminho trarás de volta a vida em mim e será o inicio de um novo ciclo. Impregnas o solo com a humidade do teu corpo e alimentas as sementes que fazes nascer, renovando o círculo da vida.

Depois

Sopro a vela que ainda arde no meio dos restos fundidos de cera que lhe deram forma, deixo que a escuridão tome conta do espaço, mergulhando os corpos despidos no breu. Impera

o silêncio onde antes proliferavam suspiros, os lábios encerraram os sons nas vontades já satisfeitas por nós. Deixo os olhos abertos, quero ainda assim ver surgir outras sombras que se propagam depois do fim do brilho de intensos momentos. Manter o corpo desperto, poder na escuridão ver o perfil deitado da tua silhueta que nasce do negro da noite na contraluz dos resquícios de luar que atravessam o quarto. Há prazeres para além do prazer dos corpos, detalhes que nos momentos de descontracção se preenchem de olhares, de uma particular solidão, que saboreio vendo-te dormir. É nestes momentos que consigo olhar-te para lá dos teus contornos, é nestes instantes que vislumbro a tua alma, plena, cheia da graça que te ilumina no fulgor que conténs depois de fazer amor.

Ousar

Sabes, há momentos em que perco a noção do espaço, em que o tempo é um pequeno pedaço de nada, liberto-me do peso da gravidade e costumo flutuar, como se fosse ar. Nesses momentos ouso ser letra solta, palavra perdida no horizonte do prazer, ouso olhar-te como olhos de quem cobiça a tua pele, de quem devora o teu corpo de mel. Pairo, sou vento, sou brisa, enrosco-me em ti, num laço apertado, fazendo os sentidos crepitar com as chamas do prazer, sou flama, fogo lento que te queima, por dentro.

Sabes, olhar-te à distância de um toque de dedos, de um instante em que a inevitabilidade de um beijo acontece pela ausência de espaço para dois corpos é sublimar a presença de estar em ti, dento de ti. Se eu fosse luz, seria uma vela tremeluzente que se agitaria com as curvas e balanços do teu corpo, que em ti beberia como elixir de prazer, do teu cálice ardente, o néctar da luxúria, do desejo e do amor sempre presente.

Gelo

Hoje diria que me chove pelo corpo, que a água se faz rio em braços de lamentos, que a alma é uma inundação de espaços ocos e vazios. Hoje, o dia percorre-me a pele com o vento gélido do norte, com a neve branca que me deixa pálido, congelado as lágrimas em prantos. Nos momentos de solidão,

em que não encontro os caminhos para sair deste labirinto, guardo-me, fecho-me na minha caixa, resguardo-me dos nadas que passam em velocidades vertiginosas à porta de minha morada. Depois sinto o calor de uma singela vela, que com seu frágil calor aos poucos derrete todo o gelo que me consome. Nesta trémula luz, é teu rosto que se projecta no branco cristalino das paredes desta caverna, onde apenas os vultos são memórias do reflexo da luz do dia. No róseo tom da tua pele, vejo as sombras dos meus dedos que contornam a tua silhueta, segurando-se ao calor eterno do teu amor. Aos poucos, neste abraço apertado, recebo a vida em sopros de beijos que os teus lábios vão depositando no meu corpo moribundo.

Escultor

Guardo entre as pétalas da minha flor secreta as gotas de essência do teu ser, elas são alimento, ânimo e alento para que sobreviva a este longo Inverno. Na sombria escuridão do abismo, nas profundezas recônditas onde me escondo, há sempre um perfume que desperta os meus sentidos, um aroma de jasmim que se propaga pelo espaço anunciando a tua presença em mim. Invoco o teu espírito, declamo em versos plenos de magia os detalhes da tua alma, em cânticos surdos que só as letras escritas conseguem propagar pela eternidade, escrevo-te, descrevo-te em mil imagens criadas na mente vazia e fria. Sou o escultor do teu corpo, o artista que te pinta em cada rosto, sou aquele que te faz real, sou o teu sonho, o teu amor imortal. Na ponta dos meus dedos deixas resvalar tua pele, no brilho incandescente dos meus desejos deixas-te ser mulher.

Toma-me como um cálice de Porto velho, deixa que pelas veias te corram meus instintos, e, que no teu mais íntimo desejo, eu seja teu último lampejo.

Como te sinto

Sabes como te sinto, como meus dedos se fazem de ti, te elevam o espírito te devoram a alma e te preenchem os sentidos. Sabes como te possuo, como em meu corpo recebo teu corpo nu, como na vontade de te ser te preencho do nosso prazer. Sabes bem como te toco, como de olhos

fechados te procuro, te encontro, sabes também o gosto da minha boca, o desenho curvo do meu tronco.

Sei do teu lugar, aqui onde o tempo deve parar, onde o gelo se quebra e a luxúria altera a nossa forma de pensar. Sei como te fazer estar, no seio do meu corpo para ali sempre te achar, neste voo em que as almas são folhas ao vento da tarde, deixamos o suor do nosso amor no ar evaporar. Dança perfeita que no silêncio de um beijo sabemos degustar, incenso de aromas que na pele deixamos saborear, que na carne quente e húmida deixamos derramar. Silêncio, a respiração ofegante dá lugar à exaustão dos amantes.

Mar

Não há um lugar que mais me recorde os sentires que o mar, o som das ondas que na praia vem falar, a voz do vento que sem tempo na areia vem soprar. O sal da água límpida que meu pés vem beijar, meu corpo em pleno abraçar, é como mergulhar no brilho dos teus olhos, nesse lago morno que é teu corpo. Não há lugar melhor para meditar, para ver a floresta beijar a orla deste mar, é um lugar onde os murmúrios se fazem da brisa e as folhas aspiram a maresia que as vem acariciar. O grito das gaivotas que do ar descem em rodopios, é como ver-te dançar no espaço vazio deste quarto onde sempre me deito para te sonhar. E o Sol quente que adormece no horizonte, incendiando a superfície calma do oceano, ilumina teu semblante e trás paz ao teu espírito, silêncio neste entardecer, onde ambos nos sentamos até o dia adormecer.

Não há instante mais perfeito, que olhar-te neste momento, antes mesmo de te guardar no meu peito.

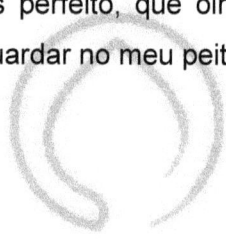

Fluxo

É com o fogo nos dedos que percorro teu corpo aceso, com a voz rouca e trémula que te sussurro os meus devaneios. Na sombra do teu corpo me deito, perscruto e deleito com o suave deslizar da tua pele sobre a minha pele. Este incenso incandescente que queimas no teu ventre, és perfume que inebria a minha libido. Na vontade incontrolável de teu corpo possuir, deixo nos lábios a essência ardente do teu cio. Beija-

me, longa e profundamente como se fosse meu corpo um elixir ardente, que te escorre pela garganta e se dissolve. Ama-me com a força dum furação que me envolva a alma num turbilhão. Neste instante é a loucura que nos conduz ao momento intenso onde a luz ofusca até o mais profundo sentimento, fazendo do nosso corpo insaciável uma expulsão interna de pura emoção. Neste contínuo estado de êxtase, esquecemos o tempo, esquecemos os corpos emaranhados e fluímos, no conjunto de duas almas que no deleite do amor se entregam, se derramam num fluxo de prazer.

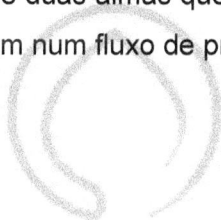

Há silêncios

Gostava de saber do tempo, do momento em que fico, em que me sento para não partir nunca mais. Queria saber do vento, daquele instante em que me leva como balão de ar quente, por entre os céus de todo o mundo. Saberia de ti em qualquer lugar, como se fosses um pensamento meu, como se fosse um intimo pedaço teu. Quero sentir a brisa do mar, o som do entardecer, quando o Sol se vem deitar contigo, em meus braços, no meu porto de abrigo. Há silêncios que dizem tanto, que não precisamos contar as palavras que escrevemos para nos olharmos e dizermos, "-Amo!".

Há sítios onde gostamos de estar, como se fossem um mágico lugar onde as almas se sentam num prado verdejante, são memórias de um tempo distante, onde fomos Primavera e Verão, num só coração. Adormecemos com a Noite, envoltos na névoa que nos cobre, na magia que a nós nos devolve tudo aquilo de que somos feitos. Há tempo, para saborear este momento em que os lábios colados são desejos já sonhados que nos cobrem.

Abraça-me, envolve-me o corpo que eu seguro-te a alma.

Ente

É no eco que entrego a percepção do teu espírito, quando vagueias pela minha alma oca, numa leve brisa que dissipa um perfume suave de menta. Deambulas pelos espaços vazios, acomodas-te sobre a minha cama e deixas-te ficar. Em silêncio declamas palavras plenas de prazer, numa melodia surda que acorda a minha libido. Esta intimidade que partilhas com o mais profundo da minha alma, faz-te ser

minha com a permanência que me é devida, faz-me sentir-te em qualquer instante, mesmo na tua plena ausência. Esta pequena chama que acende a vela, é nada mais que o brilho de um olhar semicerrado que me ofereces quando teu corpo abraço. Deduzes na ponta dos teus dedos a essência com que me constróis na tua mente, com a sensibilidade de quem desenha sobre o ar, a plena forma daquilo que em mim crias. Nos retoques fazes da cor o teu pincel e com ele dás vida a este ente que imaginas no âmago da tua invenção, num mundo cheio de sons e letras onde me deixas, onde comigo te deitas.

Seguindo-te

A minha alma ancestral não se cansa de caminhar por entre ruas e vielas, procurando resquícios da tua energia que difundes à passagem, como perfume de pele. Ando, voo, transporto-me entre universos, procuro a essência fundamental, aquela que te criou na primeira hora de existência do teu ser, viajo, procurando por entre as pétala das flores, por entre os gostos e sabores, aquele que é o reflexo de ti. Sinto a fragrância do jasmim, os tons de canela e alecrim com que asperges os teus passos em direcção a mim. Reconheço a dança do teu corpo ao andar, a voz dos teus lábios quando me queres falar. Sei como é o teu olhar, a intensidade com que em mim consegues penetrar. Recolho, cada pista que me deixas, cada pequeno pedaço desse teu manto encantado, sigo atrás das tuas pegadas, absorvendo-te, guardando-te em mim.

Névoa

Às vezes perco a noção do chão que piso, os pés caminham mas tocam o vazio, flutuo, como se voasse, mas continuo a andar, em direcção aquilo que penso ser o destino. Seguir envolto neste pensamento faz-me levitar, avançar sem ter medo de cair, de tropeçar em qualquer detalhe. Passo a passo percorro cada distância como uma etapa de criação, de emoção, de sentimento. Sei que caminho na companhia da tua energia, que não vou sozinho para onde quer que vá. É dúbio o objectivo, como uma manhã de nevoeiro em que tudo está no seu lugar, só não o vemos. Sei que estás lá, onde

deves estar, apenas ainda não vejo o reflexo da luz no teu corpo, mas já sinto toda a tua presença de espírito. Nada me desvia a concentração, toda a minha energia se foca, como um raio de luz que no nada te alcança. E as letras tomam forma, como se fossem cera derretida escorrendo pela vela. Camada após camada, o teu corpo faz-se no reflexo da minha retina, e a um milímetro de ti já sinto o calor do teu beijo vir até mim.

Do nada

Sempre me pergunto se seria o sonhos que quererias sonhar, o momento claro do amanhecer que te faz despertar. Sempre me questiono se as minhas letras fazem eco nas paredes da tua alma e se propagam como ondas num lago de águas calmas. Nunca sei se o meu mar é suficientemente profundo para teu barco nele navegar. Será porque não considero que as minhas palavras sejam relevantes na ausência dos meus actos. Na quebra dos meus silêncios murmuro frases avulsas, versos soltos que não rimam, na expectativa de fazer audível o desejo, a vontade de ser voz, de ser escutado. Não me escuso nas entrelinhas, não me escondo nas palavras, apenas decifro as mensagens que te transmito.

Nesta corrente de sentidos, sou o verbo não escrito, a formula não ensaiada dum projecto alquímico antigo. Sou segredo que se revela nos parágrafos de textos em desvario, na escrita compassada de um pseudo-poeta que se inventa, do nada.

Ira

Não entendo como de olhos fechados ainda te persigo, como sem te encontrar, ainda te sinto, como sem nunca te olhar ainda te vejo. Como explico a fúria que comprime os sentidos e expande as vontades nesta busca louca onde sei que não te vou encontrar. Não vale, não vale mais a pena percorrer mil caminhos, pois sei de ante-mão que já não estás. Os dedos cravam-se na casca das árvores, querem teu corpo escalar, o teu cimo alcançar para poder olhar o horizonte que teima em se ocultar detrás das copas da floresta. Não adianta correr, saltar, para tentar ao Olimpo chegar, pois o caminho é de pedras e as noites longas são escuras como breu, o frio aperta e a pele dilacera-se nas bainhas destas espadas que

carrego. Não vale a pena guerrear, combater, perante ti me ajoelhar porque não me vês, o teu olhar fixa-se no mais distante ponto do Universo, estás imerso num qualquer lago morno, o frio não te corta os sentidos, não te esmaga a carne, não te arrebenta o destino, porque já chegaste, e nunca por mim esperaste.

Metamorfose

Hoje amanheceste nos meus braços, teu corpo despido, entregue à minha pele adormecida, dormia. Neste silêncio o quarto acordava num nevoeiro cálido, uma manhã submersa em sonhos, em fantasias. Neste espaço confinado, duas almas jaziam enquanto se fazia de dia. Há uma calma indescritível no momento de acordar os sentidos, há uma paz que se deita lado a lado connosco, que nos chama ternamente, e nos faz abrir os olhos. Já as horas tinha passado sobre nós, quando sentimos os raios de Sol rasgarem lentamente a neblina que nos envolvia. Fomos resgatados deste casulo onde hibernamos, desta crisálida onde nos fechamos na noite anterior. Renascemos, com as asas de mil sonhos, coloridas de diversos matizes, somos borboletas que esvoaçam nos vazios deste quarto acordado para a natureza, somos vida, leve e delicada que no ar esvoaça como que prometendo a Primavera. Dançamos, nas asas da brisa, oscilando entre os poemas que sabemos declamar, ao ritmo lento desta canção que nos vem embalar.

Alma de papel

Gostava de beber da tua essência, como elixir secreto que preenchesse de vida os poros da minha pele, que plantasse no jardim da minh'alma a floresta dos encantos. Gostava que a noite se dispersasse por entre as estrelas, que o vazio da escuridão se enchesse de luz, e nos céus brilhasse uma aurora boreal. Queria que a magia não se limitasse às palavras e todas as letras fossem formulas para encantar os dias, fazer do Sol presença perene e do calor um abraço que se estendesse aos nossos corpos. Esta vontade de criar de novo todo o firmamento, de excluir todo e qualquer lamento, que o pranto se transformasse em canto, é força que me move as entranhas, que me faz escrever de formas estranhas,

divagar pelos pensamentos e sentidos do teu corpo, como se fosse a roupa que te dispo, a seda com que te cubro, a lágrima que te enxugo.

Permanente é a eternidade do momento em que te escrevo, em que te descrevo os mais íntimos dos meus sonhos, em que calo a voz e a encaixo nas palavras que não te digo. Nesta carta de papel, onde a virtualidade se veste de realidade risco as curvas que te fazem, que te encontram quando me abres a alma de papel.

Tumultuo

Na sequência das letras há um espaço ínfimo onde deito o corpo, onde descanso, onde sou canto e pranto em simultâneo. No vagar dos dias faço do Sol estrela que me guia, nas linhas do tempo deito teu corpo nu, desfruto do momento, degusto-te como se fosses o meu alimento, um pedaço meu que absorvo e tenho. Derreto o gelo que separa os instantes, faço juras ao vento de levante, e espero que me abrace como último mandamento duma lei não aplicada. Contra a gravidade me levanto, ergo e sinto o teu apogeu, entranho-me no teu canto e faço-me eu.

Chovem, letras como gotas, paisagens molhadas em lençóis de cetim, erva, capim, é neste manto que me entrego em ti, é neste espaço aberto que sou desejo, que faço cair do céu as estrelas brilhantes e as derramo em ondas escaldantes sobre a praia do teu corpo, despido, tomado, possuído. Neste vendaval de emoções, somos um mundo em convulsões que soçobra e desmaia por entre relâmpagos de luxúria. Em erupções, derramamos-nos, deixando que nosso rio atinja o mar dos sentidos, tranquilos, deixamos-nos ficar.

Incenso

Nesta fonte inesgotável de prazer, onde adormeço o corpo, onde deixo que se evaporem os sentidos, sou fumo branco que se agita na atmosfera, percorrendo cada protuberância do teu íntimo, segurando cada partícula de mim, num poro teu, infiltrando-me, na profundidade do teu corpo, impregnando-me do teu gosto de mulher. No vácuo de um beijo, desprendo a língua que se enrola em teus lábios. Exploro-te o corpo, na palma das mãos abertas, em círculos fechados de ternura, em

fogos acesos de luxúria. Depois, escondo-me entre os teus cabelos, inalando-te o cheiro da pele despida, desprendo-te a roupa do corpo como se fosse mágico, deixando cair por terra todas as barreiras que separa os teus seios do meu peito... Sabes como me perco nos teus sentidos, como sou louco pelo teu prazer, por esta minha vontade de te ler em cada entrelinha da tua pele te faz um livro permanentemente aberto em mim... Não sabes mas sentes o fervor com que o sangue me corre nas veias quando o teu calor ao meu se entrega... Entendes como estas letras me pulam das mãos como faíscas de um trovão...

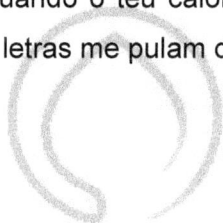

Felicidade

Vejo-te como uma borboleta que esvoaça nas asas do vento, como uma folha colorida que no céu se envolve, como abraço que meu corpo cobre. Navego na doçura dos teus lábios, na saliva quente da tua boca, onde naufrago com vontade de não ser encontrado. Morro na tua enseada, onde deixo o corpo, a alma segue na direcção dessa ilha por descobrir. Esta noite onde me adormecesses é teu âmago, é lugar onde te amo o corpo, onde devoro a tua pele com os sentidos de te ter, te tomar e te fazer mulher, em mim. Quero-te, na vontade da ventania que em redor de teu corpo rodopia, quero-te, nas profundezas do teu oceano que me acolhe no ventre virgem do teu prazer. Quero teu corpo preencher com a lava insana que derramo no centro da tua luxúria. Sorvo-te os sentidos, minha boca bebe o suco do teu prazer, na agitação de um corpo em plena ebulição. Solta-se um gemido profundo, e num lânguido segundo, contemplo teu rosto pleno de amor, satisfação e alegria. Felicidade é... sentir a plenitude do amor neste abraço pleno de fulgor.

Aí, em ti!

Sei dos segredos que limitam as liberdades, das vontades de dizer e não ter como fazê-lo. Sei dos silêncios cavados nas noites em que a Lua não ilumina o céu, sei das palavras que não te atreves a escrever, da voz que não consegues fazer falar, na hora de conjugar o verbo amar. Eu, sou um pequeno pedaço de céu, um lugar onde te podes refugiar, alguém que não te pede nada, que não exige que te expresses na forma

delicada como sentes. Aqui, em mim, sentes-te no sonho que não te atreves a sonhar, num momento de felicidade que não consegues viver, eu sou a tua utopia, a vontade que não realizas, que não podes saborear porque a distância e a vida te levam para outro lugar.

A minha fragrância é volátil, dissipa-se nos ventos que passam, e desaparece, desvanece-se porque não a seguras entre as mãos. Eu preciso ouvir-te, sentir-te, na igual proporção, para alimentar a minha imaginação. Neste circulo que completamos o equilíbrio é ténue, e a qualquer oscilação a minha alma pode soçobrar por não estar presa à tua mão. Nunca deixes de dizer o que sentes, não escondas em ti os momentos que sonhas, por vezes poderei não perceber se ainda faço falta aí, em ti!

Fábula

Poderia mergulhar nas tuas águas, perder-me na quilha do teu corpo, navegando por entre descobertas alucinantes do teu deleite. Podia navegar no teu oceano, seguir todas as rotas do teu desnorte. Podia ser vento, ou brisa forte, podia ser silêncio ou breve lamento que murmuro nos teus ouvidos. Podia ser a tua alma em desalinho, ou a vontade dum beijo húmido. Mas sou apenas o sonho que invade teu sono, a profundidade do teu eco que se propaga pelas paredes internas do teu corpo. Sou o vácuo que se preenche de imaginação, o delírio nas noites de desolação, a voz que a tua mente interpreta, a vontade que teu corpo aperta. Neste vão descolorido da noite, sabes sempre onde encontrar as minhas letras, como com elas pintares teu corpo numa tatuagem perene do meu amor. No espaço sou a estrela que corta a tarde e te oferece a noite num golpe de magia que se descobre num suave beijo dado ao ar, soprado ao vento para o meio da maresia. Nesta fábula eu sou a tua fantasia.

Dentro de ti!

A exuberância dos teus sentidos propaga-se pela tua pele como faíscas numa tempestade, não há um poro que não se arrepie quando meus dedos te tocam, como se fosse pura a energia que nos liga, que nos envolve. O teu grito calado é gemido sussurrado do gosto suave com que minhas mãos

derrapam sobre a tua pele húmida. Espalho lentamente este óleo essencial que te perfuma de outras fragrâncias. Sinto como a temperatura do teu corpo se eleva à medida que se agita, ondulas como uma pequena vaga procurando a praia do meu corpo, onde te entregas, completamente. A minha pele sensível absorve o calor do teu corpo quando me abraças e me deixas entrar em ti. Na profundidade deste encontro, o fogo é já uma chama que nos ruboriza, sinto-te agora completamente minha, possuo o mais íntimo dos teu detalhes, nesse instante, escuto o teu mais profundo murmúrio, num lânguido gemido, corpo estremecido, derramados todos os sentidos num rio que conflui no teu oceano fluido. Suspiro, escutas-me? Sentes-me? Dentro de ti!

Insónia

A madrugada acorda-me constantemente, parece que me chama, parece gente. Não durmo, apenas descanso o olhar, a mente, que dormente se levanta para caminhar com o corpo pela casa. Não sei porque o sono foge, porque a noite grita e a alvorada se antecipa num véu em agitação. Os olhos aberto no escuro, percorrem corredores e espaços vazios, não sei o que procuro, não sei por que deambulo no vazio da noite. Escuto uma voz que se propaga na neblina, o eco de um trovão que trespassa o céu, a vontade de estar em todos os lugares ao mesmo tempo, a incapacidade de mover-me do mesmo sítio. Sabes, acho que me chamas nos teus sonhos, que escuto o grito do teu alento, que me banha como água gélida na madrugada fria deste inverno. Pese embora o silêncio, escuto perfeitamente os ecos que me levantas, os ventos que me aportas, as vontades que me reclamas. Volto para a cama, adormeço até que amanhã me levante.

Mais um momento

Estou aqui, sentado, com os dedos sobre o teclado, há uma agitação que me percorre antes da escrita. Um burburinho de ideias, de sensações que vai correndo como seiva numa folha de papel viva. Escrevo em silêncio, não uso a voz para declamar as letras que aos poucos vou derramar sobre as teclas. Sou eu e o silêncio que se quebra nos estalidos das teclas que imprimem na branca tela o negro das frases.

Depois uma música que vem de mansinho lá do fundo do meu ouvido, embalo o espírito, e deixo seguir esta caneta inventada sobre a pele despida de um corpo inexistente, tatuagens que desenho nos pormenores de um beijo que não dou, mas que saboreio como real. Nesta ficção, eu sou o ladrão do teu coração, o trovador que a pleno pulmão embeleza as melodias com uma serenata de palavras não escritas, apenas ditas no calor daquele momento. Silêncio, é preciso silêncio, para te levar à loucura, para preencher de ternura os espaços vazios da tua alma. Os murmúrios são palavras ditas em matizes suaves que pintam as alegorias dos teus sentidos, e eu, aqui fico, sentado em frente ao teclado sonhando com mais um momento de puro e simples silêncio.

No teu âmago

Volto ao teu âmago, não porque me vista apenas de palavras, mas porque essencialmente sou feito de sentidos. Recolho, cada gota de água que me dispensas, vontade de saciar a minha sede, de em ti beber, de te ver e te sentir colada em mim. Visito-te, nas noites em que teu sono se agita nas tormentas da vida, em que as insónias te levam a deambular pelos vazios adormecidos. Vejo-te, de rosto colado na vidraça, olhando a chuva lá fora. Volto a ti em todos os instantes em que te esqueces da vida e podes dedicar-te ao meus pensamento, naqueles loucos momentos em que tuas mãos conduzem as minhas até ao mais íntimo do teu prazer.

Sentes, o calor exaltado dos meus beijos, quando tocam teus lábios molhados, quando minha língua é pincel que teu corpo cobre com os matizes suaves do nosso próprio prazer. Conténs nos lábios cerrados os gemidos que a noite não te permite libertar, seguras o teu prazer, até à última gota, como se quisesses em ti conter o fogo de um vulcão em erupção anunciada. O que me acordas é tão imenso que nem mesmo o mundo comporta tamanho desejo.

Um sonho

No silêncio da madrugada, descubro teu corpo inerte deitado a meu lado. Sinto o calor do teu sono, encontro a matéria com que fabricas os sonhos. Dormes profundamente, o teu corpo não me sente, é como se estivesses ausente, num mundo

diferente. Com a ponta dos dedos contorno-te, invento-te, em cada curva, como se fosses pintura, como se fosse minha toda a tua ternura. Escrevo-te na pele seminua os poemas que não te digo, como se teu corpo fosse a folha do meu papel, como se minhas linhas fossem as ondas onde navega o teu batel. Na ondulação deste mar, vejo tua alma pairar sobre as nuvens do meu encanto, espero ouvir-te a voz, num suave canto. Encontro-te, no meio deste oceano revolto de emoções, juntos seguimos nesta viagem, pelo mundo dos teus sonhos, onde todos os desejos são verdades, onde cada brisa trás saudades dos momento eternos em que fomos apenas pequenos pássaros no céu azul do nosso mundo. Já não há silêncio, nesta alvorada, a manhã clama pelos corpos que ensonados despertam para um dia pleno de sentidos e alegrias.

As palavras que te escrevo.

Às vezes apetece-me ficar parado, no meio da rua, olhar o detalhe daquela flor que no canteiro desabrocha, perceber a suavidade das pétalas duma rosa, sentir o perfume que dela se evapora. Olho quem passa, escuto por breves instantes milhões de pensamentos, imensas sensações, percebo no caminhar dos outros as suas preocupações, mas, também deduzo as suas ilusões. Gosto de ficar ali, no meio de lado nenhum, olhando a multidão, quiçá porque espere a qualquer momento ver-te chegar, porque sei que um dia passarás por mim sem me perceberes, mas eu saberei que és tu, porque há muito que te sei ler. Deixo-me estar, absorvendo emoções, coleccionando intenções, apreciando a beleza dos detalhes que normalmente ninguém vê. É uma delícia escrever-te, descrever-te de mil formas diversas, sabendo que te conto até aquilo que em ti não vês. Esta peculiar beleza que transportas, no corpo que vestes, é inspiração que me despertas, vontade que me levas a dizer-te no silêncio das palavras que te escrevo.

A diferença do detalhe

Muitas vezes perco-me nos detalhes, em pequenos aspectos que normalmente não são importantes, em minúsculos momentos de tempo que parecem permitir-me beijar a

eternidade. Contemplar é ser capaz de apreciar o contorno do vento ao passar pelas pétalas duma flor. Sentir, na profusão de um toque, a energia que a pele te quer comunicar, é saber que um gesto, por mais imperceptível que possa parecer, demonstra a intenção de quem o deixou acontecer. Por vezes esforço-me por estar entre a multidão, beber nos seus copos, embriagar-me nas suas conversas, abraçar a sua normalidade, mas não consigo desprender-me desta essência onde se mergulha a minha alma. Saberei ler o teu pensamento quando te olho, perceber a tua ansiedade quando caminhas, o teu desejo, a tua vontade quando me falas baixinho. Não importa onde quer que estejas, eu saberei chegar a ti, como brisa em final de tarde, como suspiro que teu corpo exala quando se prende no meu sentido, na minha palavra. Saberei conhecer-te no meio da turba, porque teu rosto pintei, porque tua alma com minhas mãos moldei.

Dança

Sopro-te um beijo, como se quisesse mandar-te meu corpo em pleno desejo. Desenho no ar uma rosa, imaginando que

teu corpo é minha tela inteira, que teu ventre é minha esteira, onde sossego a alma, onde te escrevo histórias de amor com a ponta dos meus sentidos. Invento no ar a escultura suave do teu corpo de mulher, passeio as mãos pelo ar, como se desenhasse sinais milenares, ou, executasse magias secretas que num instante te materializassem. Bebo dos teus lábios o beijo que me soletra as palavras, que me conduz as rimas e me segue as vozes que declamam a ternura de toda a tua sensualidade. Depois, num último gesto, completo a obra fazendo de ti meu ensejo, meu único desejo. Vens, caminhando lentamente, para ficares parada em minha frente. Eu inebriado te contemplo, como quem olha para dentro de um sonho desperto, minha mão te estendo, e na música que nesse momento invento, dançamos, um tango intenso, uma valsa compassada ou uma salsa ritmada, com profundo sentimento, percebendo em cada movimento o fogo ardente do teu corpo colado ao meu.

Afloramento

A cera das velas resvala pelos castiçais, formando cascatas que se eternizam no momento, a luz trémula flutua ao sabor do ar quente e carregado de fragrâncias. A água quente solta os vapores balsâmicos que carregam a atmosfera de doces encantos. As pétalas de rosas flutuam sobre a transparência como barcos em lago tranquilo. Dispo lentamente o teu corpo, na delicadeza de cada peça que te veste. As minhas mãos são olhares que observam cada um dos teus detalhes. Chego à flor da tua pele, que se arrepia ao primeiro toque. Os meus lábios pousam como borboleta no gineceu do teu corpo nu, solto um beijo que poliniza teu desejo e agita uma pequena vaga de prazer pelos poros da tua pele. Tu, vais desfolhando-me, deixando cair cada peça de roupa como folha em Outono, tua boca percorre-me, descobrindo cada pormenor, desflorando-me, depositando um leve beijo sobre meus estames. As nossas pétalas espalham-se pelo chão, enquanto os corpo despidos mergulham no prazer deste lago quente onde se amam.

Ponto de equilíbrio

Há um tempo para cada detalhe, um lugar para cada sentido, uma história para cada capítulo. Saber olhar e ler nos reflexos do passado os momentos em que fomos tocados, permite-nos saber os caminhos que trilhamos, os locais que visitamos, as pessoas que já fomos. Há intervalos de tempo em que não sentimos nada, em que deixamos apenas este passar por nós como se fôssemos uma rajada, de vento quente, ou uma folha perene que à árvore se prende. Depois, outros há em que sentimos um turbilhão, que nos levanta os pés do chão e nos eleva como se tivéssemos asas. Nesses bebemos da brisa as emoções que como relâmpagos ecoam na alma os seus trovões, avançamos, sem preocupações, para qualquer lugar do universo. A melancolia é um reflexo dos momentos vazios, oposto à alegria que preenche os instantes de euforia, em que o coração palpita e o corpo se agita em ondas de prazer. Mas os silêncios são fundamentais, são reflexões espirituais que nos permitem alcançar o equilíbrio, que nos levam ao encontro da energia primordial, são pedaços de tempo difusos, que pairam entre os segundos.

Existência

Quando percebo a tua presença sinto a electrizante sensação de que me olhas, que perscrutas os meus pensamentos, que lês os meus segredos no mais profundo da minha alma. Sei que chegas, de pés descalços sobre o soalho, caminhando lentamente para que não se agite a brisa, para que não te perceba a gente. Sei onde estás, embora não te olhe, embora não te toque, sei sempre onde te encontrar. Não te reflectes na luz do dia, nem no brilho do luar, teu corpo é volátil como o ar. Conheço cheiro da tua pele, antes mesmo de chegares já a tua essência se anuncia, já a minha alma vazia se preenche de aromas do teu corpo etéreo. Balanças as ancas, num andar belo que te denuncia entre as mulheres, a tua voz macia, é canção que ecoa por entre a multidão, ninguém te escuta, apenas eu conheço a frequência do teu cantar, apenas eu sei como te olhar. Todos os dias te visto um corpo diferente, todos os dias te descubro na minha mente, como fórmula alquímica que se pressente, mesmo antes de se tomar. Neste vento de levante, és minha a todo o instante.

Dança

É nos teus versos que me perco, no balaço dos teus ecos que vibro como cordas duma viola que trina ao passar dos teus dedos de vento. As rimas sucedem-se num bailado ora suave, ora intenso, como o balanço das ondas onde te deito. Segue-me, nesta dança, no ritmo lento do corpo, que na labareda do desejo se inflama, descreve-me com a ponta fina dos teus dedos de mulher, contorna-me com a fragilidade dos teus braços, segura-me com a força da tua alma. Depois, leva-me a voar pela sala, como dois pássaros que deslizam nas asas do vento. Os lábios colam-se num beijo enquanto os olhos se cerram para sentir melhor o desejo. É um prazer dançar por entre as letras, é uma vontade dançar com o teu corpo pegado ao meu, como num tango, em que o fogo nos cai do céu.

Sorriso

Saber fruir o momento é ter o prazer de olhar nos olhos a felicidade, porque esta é um breve instante, e devemos aproveitar. Às vezes encontro-a na fragrância que paira no ar, num pedaço de incenso que estou a queimar. Outras vezes descubro-a numa flor, com suas pétalas abertas, e todas as suas cores despertas. Um raio de Sol, que corta a nuvem escura de chuva, é eterna beleza, momento de felicidade em que descubro no teu olhar a tranquilidade. Sabes, não preciso de muito, basta-me o detalhe do teu sorriso, ou até, aquele olhar atrevido quando em mim te vens deitar. Pode parecer-te que sou complexo, que te não desejo, ou que tudo me passa desapercebido, mas, mesmo nos meus momentos de silêncio, é a ti que carrego no pensamento. Este voo mitológico dum corpo alado e nu, é reflexo da poesia que te escrevo, que te dou. Jamais serei indiferente ao espaço que separa cada segundo, porque sei que um dia se acabará meu mundo, mas jamais acabarás tu.

Satisfação

A minha satisfação é plena quando consigo levar-te ao prazer extremo. Quando teu fogo acendo e todo teu corpo entendo, bebo-te na fúria das vontades, no fogo das verdades que sabemos morarem em nós. Não é insanidade ser livre, porque é na liberdade que nos amamos sem limites nem tempos. Neste balanço somos fogo e paixão, somos nós dois em plena fusão, porque a alma não tem dimensão e os corpos são o que consumimos no acto desenfreado de nos amarmos. A musicalidade desta intenção reflecte-se nos gemidos murmurados aos ouvidos, das palavras insanas que as bocas abertas expressam sem limites, sem correcções, aquilo que os corpos pedem a plenos pulmões. Na histeria do momento derramam-se os rios contidos no teu ventre, os mares imensos do meu corpo sente-se alimentados do teu prazer, e transbordo também eu todos os desejos no teu corpo ardente.

Nova concepção

A percepção da realidade baralha os sentidos, levando-os a seguirem caminhos previamente traçados por outros. Esta confusão entre o que sentimos e o que nos dizem sobre aquilo que sentimos leva-nos tantas vezes a seguir destinos que não temos vontade de trilhar. Precisava de encontrar um pedaço de silêncio onde pudesse repousar sem me sentir calado, fechado na clausura das letras. A concepção de ideais pré formados por intelectuais dum passado que já não conhecemos, deixam a realidade limitada a vazios espirituais que não nos complementam, que nos deixam no limiar do abismo, a um segundo de cair no vazio. Quero inventar uma nova regra, um novo sentido para cada palavra, uma letra que ninguém conheça, a que ninguém obedeça. Quero pintar um novo mundo, sonhar com algo mais profundo, menos etéreo, mais profano onde ser feliz apenas represente um sorriso nos lábios, não uma convenção matrimonial que te castra ao deitar.

Viagem pelas letras

Na brisa das minhas palavras deixo o vento fluir, deixo os meus sentidos partir rumo ao desconhecido. Queria escrever-te uma canção, que tocasse teu coração com o profundo sentir da minha alma, mas, não sou poeta, as rimas não são a minha predilecção, por isso deixo-te palavras soltas na atmosfera deste mundo onde apenas tu habitas. Assim, talvez me sintas quando o meu corpo se ausenta, quando o desejo de seres minha se senta ao lado do teu corpo vestido de vida. Gosto de sentir as palavras, de as despir com os dedos, enquanto te escrevo. Aqui, sentado nesta poltrona, deixo a vida vir à tona deste oceano de letras, onde cada parágrafo é uma viagem em direcção a ti. Só assim sei dizer-te de mim, contar-te tudo aquilo que não sabes, fazer-te sentir o toque suave da palma da minha mão quando se encosta à tua. Caminhamos, na orla deste mar que inventamos, nos abraços que não demos, nos beijos que sopramos ao ar, enquanto sonhamos com juntos estar.

Ausência

Não sei porque te sinto e não te vejo. Porque te escrevo e não te escuto, não sei. O silêncio é a tentação do meu isolamento quando não compreendo a dimensão do meu sentimento. A voz é feita de letras escritas a sós, de sonhos criados nas pontas dos dedos. Esta peça que enceno no minúsculo teatro da minha alma, é drama, romance e paixão, mas é sobretudo solidão, ausência e vazio, quando sinto no corpo, este frio da saudade. Esta vontade de subir aos céus, de eternizar um momento no meio das frases que te escrevo, é por vezes um tormento, uma tempestade que verga cada parágrafo deste texto. Mas eu sei, que o Sol está acima das nuvens e que no mais íntimo recanto do teu regaço há um espaço meu, onde me levas, para onde quer que vás.

Quarto escuro

Percebo nos teus silêncios os medos da entrega plena. Entendo nos teus gemidos a loucura eterna. Nesta vontade doida de querer poder, de querer sentir, de te apetecer ser plenamente minha. Sei perseguir os teus sentidos na escuridão do quarto, neste jogo de prazer em que as mãos são laços, e os corpos esguios resvalam no tecido com que vestem a nudez. Escuto o som dos teus pensamentos, são como faróis que identificam a tua presença, o teu olhar, no meio da escuridão, é labareda de eterna paixão. Descubro-te, no lugar menos previsível, porque só eu sei onde te escondes, o que tão secretamente para mim guardas. Só eu te sei de olhos fechados, na plena escuridão deste lugar, mesmo quando todos os sentidos estão amordaçados, sinto-te, porque habitas em mim. Depois, as mãos soltam-se dos lenços que as amarram, e as silhuetas deliciam-se num bailado, seguindo ritmos diabólicos, provocando aos corpos o transe que a que a alma se entrega, extraindo dos sucos as essências do fogo, feitas em lava translúcida que apenas um gemido bebe.

O prazer

O prazer é reflexo daquilo que te dou, que te faço sentir, que me fazes descobrir quando em ti me deito. Aprendo cada detalhe, sigo cada sentido que me indicas na ânsia de levar-te mais além daquilo que te desperto. Sabes como o meu prazer é perto do teu, como se, sem te fazer voar não saio do ar, sou incenso que arte e te rodeia, sou vento que por teus cabelos premeia. Deixa-me descobrir os teus sinais, deixa-me dar-te sempre mais. Este reflexo é o detalhe com que me brindas, o luar com que me iluminas, a tua pele nua, despida em mim, sentida em ti, no enlace perfeito neste instante memorável, em que me sinto dentro, de ti. Entre nós o domínio esbate-se na fusão de vontades, cada um é pedaço igual de outro, mescla-se no fluir do desejo, como é a corrente que nos leva, nesta dança que o rio faz serpentear pelas margens da luxúria. O que te ofereço é a sublime degustação dos sentidos, aquilo que vai para além do olhar, do provar, do escutar, do cheirar e do tocar, é um mundo novo, um universo que se abre à intuição, à sublimação de todo e qualquer momento de amar. É amar-te!

Profundamente

Perturbo o fluxo da atmosfera ao passar sobre a tua pele com os meus dedos. Nesta viagem de exploração, descubro a essência dos teus poros, como ínfimo espaço por onde absorves os meus sentidos. Verto-me em ti como creme suave que te hidrata, que te excita e te afaga. O perfume do meu corpo pinga sobre ti, em gotas translúcidas de luxúria soprada pelo vento. Os meus lábios caminham na planície fértil do teu ventre, procuram encontrar o cerne do teu fogo, vulcão tranquilo que espera pela minha erupção. Descubro em ti diversos matizes, reflexos impressionantes onde o prazer sentido se expressa na superfície do corpo, como se fosses um lago que se agita ao passar dos meus dedos. Arrepio-te com a ponta da minha língua quando descubro o caminho para o centro gravitacional da tua galáxia. Ensina-me a a elevar-te ao expoente máximo, a encaminhar-te para o Olimpo, quero ser o teu limbo.

Caminho para casa

Nos tempos do passado alicerçámos os conhecimentos da vida. Neles acordámos a sapiência, neles mergulhamos a nossa consciência em busca da alquimia que nos fez místicos. Hoje já não sabemos voltar pelo mesmo caminho, perdemo-nos na escuridão das trevas e deambulamos pelos dias, pálidos, dependentes duma sociedade que já não cria, apenas recicla o passado, como memorial de um tempo em que nos inventamos. Mas, se tivermos a persistência pedida, a fé exigida, seremos com toda a certeza capazes de voltar a casa. Seremos capazes de descobrir de novo os mistérios da ancestralidade, os segredos da vida muito para além da pasmaceira dos limites térreos deste buraco onde hoje vivemos.

Busquemos a força, o caminho da libertação, procuremos com atenção os sinais que nos hão-de conduzir de novo à glória do conhecimento, vamos abrir a porta que nos encerra e libertar-nos desta cadeia que nos oprime e congela. Tenhamos fé, esperança e, acima de tudo perseverança para que as nossas preces surtam efeito e a magia da vida volte a reinar sobre as trevas da incongruência.

Limite

Sinto que estou a chegar ao fim do tempo, que não me resta mais que deixar fluir a energia e esvair o corpo numa torrente que o há-de desligar. Há um cansaço permanente que invade uma alma incapaz de sonhar, porque o brilho das estrelas deixou de se fixar no meu olhar. Arrasto-me pela areia quente do deserto, rodeado pela sede, pela fome e pela morte que espera que soçobre. Estiquei ao máximo as minhas possibilidades, expus a alma para lá da protecção do corpo, deixei que fosse palpável que existisse e fosse real. Intoxiquei a minha essência com prazeres profanos, deixei que o demónio tentasse a minha mente e não resisti às investidas do desejo.

Hoje cheguei ao limite, toquei o fundo da minha humanidade e preciso libertar-me deste peso, necessito emergir, voltar à tona para poder respirar, hoje preciso deixar o corpo morrer para a alma sobreviver.

Amor para fazer

Abro os braços nos sentido de acolher em mim todos os espaços, todas as dimensões do teu corpo etéreo, todos os momentos em que fazes as minhas letras vibrar, o meu corpo acordar. Quero saborear a tua essência, como última fragrância que se expande no universo infinito. Do silêncio quero fazer a melodia que te preencha os sentidos que te devore em pequenas oscilações de brisa. Vem, encosta o teu corpo ao meu, como último suspiro de um único desejo, quero receber-te com a porta escancarada, como se fosse esta a tua última morada, como se fosse eu o teu lugar, a tua cama, o teu corcel.

Pressinto a tua chegada, o horizonte oferece-me a madrugada, nos laivos avermelhados de um dia novo, em que todos os instantes são presentes que te trazem a mim. Devoto-me a adorar a beleza do teu corpo áureo, a percorrer os detalhes da tua pele como último toque, sublime segundo em que te desnudo e te amo, aqui, no silêncio do prazer. Em cada calafrio liberto as imagens que aos pouco desenham um novo mundo de sensações, é assim que pinto cada traço, cada cor, na tela do teu amor.

Contemplação

Não me interessa saber os lugares, onde ficam e como lá chegar, quero apenas poder contemplar o instante, captar o momento que a minha memória fotografa a vida. Hoje não me importo com o tempo, sei que posso segurara-lo com a ponta dos dedos, quero apenas absorver os detalhes que fazem da imagem à minha frente o elixir do meu viver.

Que importam as convenções, actos e omissões, se a essência não se prende em folhas avulsas de papel, vive livre no firmamento para quem a for capaz de encontrar. Não faz sentido quebrar o corpo em desvarios quando a alma é tão flexível como o vento, podemos belamente deixá-la solta nas asas do futuro, para que nos indique o lugar de chegada.

É neste encantamento que me permito ficar, teu espírito observar, no arco multicolorido da tua aura, é aqui que me quero sentar, para poder apreciar toda a grandeza do teu sentimento, como se fosses um belo quadro pendurado no átrio da minha alma.

Infusão

Guardo-te entre as lembranças do tempo, como estátua imóvel que toco vezes sem conta. Entre o meu corpo guardo a recordação do teu contorno, como se te houvesse alguma vez tocado. Na minha alma velo o teu sono, vigio a noite escura para que nunca te falte o brilho das estrelas. Sento-me na beira do teu leito onde afago teus cabelos, oferecendo-te os sonhos que matam os teus pesadelos. Assim foi um dia quando te encontrei no meio da multidão, foi assim quando entrei em ti como um turbilhão. Nesta exaltação de sentimentos, recebeste-me de braços abertos e transformaste-me em teu anjo guardião. A eternidade encarregou-se de nos unir, num laço apertado, um abraço permanente que mantém as nossas almas fundidas, como rochas do mesmo vulcão.

Viagem em ti

É Noite, o corpo cansando é apenas despojo duma guerra fria onde o inimigo não tem rosto. Adormeco vazio de alma, esgotado pela energia despendida nas batalhas do quotidiano. O espírito solta-se, como se partisse para sempre, deixando a vida perecer naquele instante. Os olhos cerrados desprendem já uma lágrima de saudade, mas não fico, sigo rumo às estrelas procurando o norte. Como vento cósmico, sigo as partículas do teu perfume, dançando entre os astros, sei que te escondes por detrás duma estrela azul, num planeta repleto de vida, onde cada flor é luz que faz a Noite parecer-se com o dia, onde viver é estar em permanente alegria. Vejo o brilho incandescente do teu corpo que palpita com a frequência dum chamamento que escuto no teu silêncio. Estendes os teus braços como galáxias e eu entrego-te a minha essência que absorves como creme que hidrata a tua pele e te torna ainda mais brilhante.

Agora sei que estou impregnado em ti, que sou eu quem corre desenfreado pelo teu corpo, na agitação desta vaga imensa que se eleva do mar dos nossos sentidos.

Anjo da Guarda

Ouvi o teu chamamento, uma suave melodia, um breve lamento, uma dor pungente que te faz esconder de toda a gente. Deitei as minhas asas ao céu, precipitei o meu corpo num voo buscando o som do teu pranto, este triste canto com que chamas a minha voz. Flutuei sobre montanhas e vales, perdi-me em florestas, enfrentei todos os males, tão só para salvar-te. Descobri-te no meio da multidão, qual flor de lótus, fechada no teu isolamento, só, cercada deste mar de gente. A tua brancura imaculada irradiava a saudade dos amores perdidos. Foste menina e mulher, desejada mas não plenamente amada e no teu choro rezavas pelo auxílio divino. Estou aqui, enviaram-me para te cuidar, para te escutar, toma os meus braços, recebe a minha alma nova para que possas limpar a tua de todos os martírios. Deixa-me entrar, atravessar a ponte estreita do teu corpo, para poder adentrar-me no mais íntimo recanto do te ser, deixa-me a tua essência ser. Espera, deixa-me desenhar-te o rosto com um sorriso, deixa-me enxugar as tuas lágrimas, trazer-te de novo o brilho dos dias que mata a saudade das ausências.

Deusa

Bebi da tua aura os brilhos da prata, do teu corpo o calor do fogo, vesti-me da tua pele e idolatrei a tua divina beleza, em mim te fiz Deusa. Na imaculada brancura duma flor recolhi o teu nome, nessa fugaz Primavera onde floresceste, em meu peito nasceste e em ti me fiz homem. Hoje resplandeces nesse altar imaculado do meu universo, a tua luz guia os meus barcos perdidos, a tua voz chama o meu nome no vazio esquecido. Teu corpo nu derrama-se em meu leito, o desejo do teu ventre em meu ventre é encaixe perfeito. As tuas palavras são o eco da nossa sensualidade, em mim plantaste já a semente da eternidade. Este silêncio teu que venero, é oração em pranto calado que entendo, por ti espero, na Noite escura, quando me contas nos sonhos, com toda a ternura, as vontades que esperas, as saudades que guardas e as lágrimas que derramas no mar dos teus olhos.

A arte de amar

Gravitar em redor dos sentidos é estar completamente pendente de um qualquer acontecimento cósmico que crie a ponte entre um instante e o outro. Essa espera, é o aguardar da efusão, do alto momento em que toda a emoção transborda e a luz se faz visível. É o acontecimento esperado, o Big Bang da criação, lufada de inspiração que se segue a cada detalhe imaginado, tocado ou sentido. Ganha vida a palavra que em forma de letras se conjuga, ganha luz a pincelada que como artes de magia o papel impregna, tudo gira, numa gravidez consentida entre o que cria e o que é criado, como esta dança de corpos que fazemos quando sobre a cama despida nos entregamos à arte de amar.

O nosso mundo

Escuta, lá fora há um mundo que gira, um turbilhão de gente que se agita, que fala, que grita. Mas aqui, no silêncio deste espaço, neste templo sagrado, apenas a brisa acaricia os teus cabelos. As palavras são murmúrios, ecos de passados longínquos que declamo ao teu ouvido. Velhas frases, trovas de amor que percorrem cada milímetro da tua pele. Neste lugar criámos um mundo de ritos e sensações, onde as velas se agitam ao sabor das emoções e os corpos são como bandeiras ao vento do prazer. Aqui os sabores derramam-se dos teus lábios em cascatas de beijos que espalhas como flores por todos os cantos do meu corpo. Os perfumes fundem-se em emulsões mornas que dissipo com um sopro na atmosfera envolvente deste mundo acabado de fazer. Nesta utopia amamo-nos profusamente como se hoje fosse o primeiro dos últimos dias das nossas vidas.

Noite de prazer

Sabes como preencho os teus vazios com palavras, como completo os puzzles do teu pensamento, questões que não entendes, sentimentos prementes que carregas no peito. Lembras-te das noites em que durmo abraçado a ti, em que te cubro com o véu dos meus desejos, essas noites de carícias em que teu corpo agitas em sonhos sensuais. Escutas as minhas preces, orações lançadas aos ventos, pregões que se

difundem em todas as direcções. Esta Noite fico aqui, sentado na beira do abismo, quero ver o horizonte, quero sentir o tempo passar, ver as emoções por ti desfilar. Hoje não quero sentir, não quero chorar, nem rir, quero apenas estar, imaginar, criar este lugar onde um dia virás habitar.

Sabes? Invento-te nas brisas, nas flores que em lagos habitam, faço-te fruto, deixo o Sol amadurecer-te, para depois, no meio da noite, teu prazer vir colher. Tu, em ancestrais sonhos me recebes, teu corpo sela o meu em altas febres, preenche-se com o fogo de Prometeu e derrama-se em lava quente que jorra pelos declives do meu prazer, vem, consome-me, faz meu corpo arder.

Feiticeira

Houve um tempo em que os nossos destinos se cruzaram, em que juntos caminhámos lado a lado na senda do conhecimento. Nesse tempo éramos magos e feiticeiros, druidas e curandeiros, viajantes dos tempos, na memória dos saberes antigos. Juntos descobrimos os caminhos da eternidade, amantes perdidos por entre as brumas da saudade, marcámo-nos com os sinais das eras, fizemos juras eternas que jamais nos separaram. Outros corpos vieram, mas a cada alvorada da vida, uma constante nos perseguia, a busca pela metade perdida. E foram séculos e milénios, vidas perdidas em vão, vazios consumidos pela imensidão deste segredo por revelar, desta alma por encontrar. Sei que não será ainda que poderei em ti voltar a tocar, sei como te encontrar, sei em ti estar, mas percebo que não foste ainda a mim destinada. Este é o preço a pagar, por segredos profundos revelar, viver no mesmo mundo sem os corpos poder juntar. Mas um dia feiticeira, este conjuro vou desvelar, quebrarei o feitiço que os deuses confabularam para nos separar. Quando esse momento chegar, voltaremos a nos amar, como no princípio dos tempos quando juntos éramos unos e pelo paraíso podíamos caminhar.

A última Profecia

Está escrito nos Céus a profecia que dita a chegada do anjo do amor, ele virá para derramar sobre a terra as palavras que enternecerão os corações, curarão as almas e dissiparão as

trevas. Nesse breve voo, passará sobre nós, deixará os perfumes e as essências, falará sem voz, e as suas palavras serão a eternidade que tolherá as mais fortes tempestades, rasgando as nuvens e aportando a cada vida que toque, um raio de Sol. Muitos não nos aperceberemos que veio, que chegou, pensaremos que é apenas um trovador, outros chamar-lhe-ão charlatão, mas uns quantos nele acreditarão. Estai atentos, pois não voltará de novo à vossa morada, se mantiverdes a porta fechada, não recebereis a benção, não escutareis a palavra e a vida será sempre aquela água tépida que vos adormece e entedia. Esta é a profecia!